「日出づる国」日本のミッション

綾織次郎
「ザ・リバティ」編集長

まえがき

今年1月に就任したアメリカのトランプ大統領が次々と独自の政策を打ち出し、世界中が揺り動かされています。

本書ではそれを「トランプ革命」ととらえ、日本が大国としての役割に目覚める大きなきっかけになると意義づけました。

幸福の科学の大川隆法総裁は、昨年12月に発刊した『繁栄への決断』で、日米が協調することで今後300年の繁栄を実現させるとしています。本書を読めば、なぜ大きな繁栄がトランプ時代から始まるのかが理解できると思います。

と言っても「日米の協調」なので、日本がその使命に目覚めるかどうかにかかっています。

大川総裁は自身が何を目的として日本に生まれたのかについて、『大川隆法の守護霊霊言』で明らかにしています。

①白人による植民地支配に対する修正。②共産主義という唯物論思想を終わらせる。③イスラム圏の改革——。これらを実現するための発信地は日本だと述べています。これらは、大国となった日本のこれからの使命でもあります。

大川総裁はこの3つを成し遂げるために、2500回におよぶ法話・霊言を収録し、2200冊以上の書籍として発刊しています。本書はその一部を国際政治の指針として整理したものです。改めて日々のご指導に心より感謝いたします。

また、大川総裁が創設した幸福実現党は、日本を「世界のなかでリーダーシップをとれる国」に変えることが一つの目標です。幸福実現党が今後どのように発展していくかも、本書から見えてくると思います。

さらには、日米関係の未来や中国・北朝鮮の行方、中東の平和といった「新世界秩序（ニューワールドオーダー）」も見えてくることでしょう。

拙著『「奇跡」の日本近代史』『GDPを1500兆円にする方法』をあわせて読

んでいただければ、「日出づる国」日本のミッションが、より鮮明に見えてくると思います。

日本から今、「トランプ革命」をはるかに超えるものが始まっていることを感じていただけたら幸いです。

最後に、本書の作成に協力くださった皆様に深く御礼申し上げます。

２０１７年3月7日
月刊「ザ・リバティ」編集長　兼
ハッピー・サイエンス・ユニバーシティ　ビジティング・プロフェッサー
綾織次郎

「日出づる国」日本のミッション　目次

目次

PartⅡ トランプ時代を先取りする日本の防衛戦略

Part III

日本から始まる新世界秩序《ニューワールドオーダー》

第4章

抗策 ①海上封鎖 ②サイバー防衛 ③中国のミサイル攻撃を抑止する ④南西諸島への「接近阻止」／10年で100兆円規模の防衛投資を／憲法9条を改正し、国を守る主権を取り戻す／「奴隷の平和」を阻止し、「自由の下の平和」を実現する

中国・北朝鮮の「核」を止める

中国・北朝鮮の核兵器に囲まれている日本／アメリカの「核の傘」はもうない／日本は世界で最も滅ぼされるリスクの高い国／日本としての核抑止・核廃絶プラン／①中国と北朝鮮に届くミサイルを持つ（通常兵器）／②ドイツやイギリスのようにアメリカと核を共有する／③日本として独自の核を持つ／唯一の被爆国として核を持つ権利がある／④中国、北朝鮮との軍備削減交渉を行う／⑤核兵器を無力化する技術を開発する／⑥最終的に中国、北朝鮮の体制を民主化する

PartⅣ 世界の憎しみの連鎖を断つ

PartⅠ
トランプ大統領は何を目指す？

第１章

「トランプ革命」が中国の覇権を止める

——アメリカ、台湾、フィリピンから日本へ

トランプ勝利は、オバマ政権の社会主義化への「ノー」

「私たちは、この素晴らしい国の全土に、新しい道路、高速道路、橋、空港、トンネル、そして鉄道を建設します。国民を福祉頼みから脱却させ、仕事に戻れるようにし、アメリカ国民の手で、アメリカ国民の働きによって、私たちの国を立て直します」

(We will build new roads and highways and bridges and airports and tunnels and railways all across our wonderful nation. We will get our people off of welfare and back to work, rebuilding our country with American hands and American labor.)

アメリカのトランプ大統領は、2017年1月の就任式で、国民の福祉依存を指摘したうえで、仕事に戻り、働くよう求めた。

就任式前の記者会見では、トランプ氏は「神が創造した中で最大の雇用創出者になります」（I will be the greatest jobs producer God ever created.）と宣言していた。トランプ政権としては、福祉を拡充していくのではなく、雇用を創り出すことを最優先することを鮮明にしたものだ。

その就任演説を、この８年間、福祉の充実に努めてきたオバマ前大統領は、トランプ氏の数メートル後方で表情を押し殺して聞いていた。

オバマ前政権が８年間で進めたことは、税金を富裕層や中流層から集めて、貧しい人に再配分する「大きな政府」への道だ。

国民に医療保険の加入を義務づけた２０１４年からの医療保険制度改革（オバマケア）では、低所得者に補助金を配っており、その財政支出は10年間で約１兆ドル（約１１５兆円）を超えると試算されている。

トランプ大統領の就任演説。写真:ロイター/アフロ

大統領選終盤には、国民が2017年に払う医療保険料が平均25％も上がるという報告書を政府がまとめ、国民の大きな反発を受けた。

1100万人にのぼる不法移民の存在も、教育や福祉など行政のコストを引き上げている。

オバマ前政権は2015年だけで金融や環境などの規制を2千以上も増やし、新たな規制のために企業が負担するコストは年2兆ドル（約230兆円）とされている。

結局、オバマ政権下のアメリカは、社会主義国のようになってしまった。

クリントン氏はオバマ氏の〝遺産〟をそっくりそのまま継承しようとしていたので、それに対してアメリカ国民は大統領選で「ノー」を突きつけたと言える。

一方、トランプ氏の経済政策はオバマ氏らのものとは正反対だ。

この30年間下がっていない法人税率を35％から15％に大幅に下げ、個人の所得税も引き下げる。オバマ政権が進めた金融や環境などの規制も全面的に見直す。

政府が貧しい人の面倒を見るのではなく、「個人や企業が繁栄をつくることによって全員が豊かになっていこう」という考え方が背景にある。

アメリカは18世紀後半、本国イギリスが課す重税に抵抗し、「自分たちの責任で自分たちの国を発展させる自由」を守るために独立した国だ。

トランプ氏は就任演説で、国民に主権があることの意義を強調した。

「私たちはワシントンから権力を移し、国民のみなさんに戻します」

「2017年1月20日は、国民が再びこの国の統治者となった日として記憶されます」

(We are transferring power from Washington, D.C. and giving it back to you, the people……January 20th, 2017 will be remembered as the day the people became the rulers of this nation again.)

トランプ氏が「アメリカを再び偉大な国に(Make America Great Again)」を掲げるのは、アメリカ独立に匹敵する「革命」を進めている意識が強くあるからだろう。

1980年代のレーガノミクス以上のインパクト

トランプ大統領の任期の4年間、あるいは再任も含めた8年間の最大のテーマは、中国がアメリカの覇権に取って代わるかどうかだ。少なくとも東アジアや東南アジアでは、アメリカの軍事力に追いつき、追い越そうとしている。

それが実現すれば、神仏の存在や宗教を否定する唯物論国家が世界の覇権国となる、人類史上初めての時代がやって来る。

中国共産党政権は、国内で信教の自由や言論の自由を認めず、人権弾圧を強めている。これをアジアや世界にも広げることになるので、周辺国でも「自分たちの運命を自分たちで決める自由」が失われていく。

トランプ氏はアメリカの利益を最優先にする「アメリカ第一主義（America

First)」を唱えている。大統領選では、財政難で「世界の警察官にはなれない」とも語っていた。このため多くの専門家は、トランプ新政権は孤立主義に傾くと見ている。そうなれば、あと数年で中国がすんなりと覇権を握ることになる。

ただ、トランプ氏は「アメリカを再び偉大な国に」という目標を掲げている。これが最終目標とするならば、アメリカ国内を立て直し、再び「世界の警察官」として復活するのがトランプ氏の戦略だと理解すべきだろう。

実際、トランプ氏の一つひとつの政策を見ると、歴代政権と比べてもかなり大胆な経済政策を打ち出している。

「10年間で2500万人の雇用を創出する」として、まずは10年間で1兆ドル（約115兆円）のインフラ投資を行う。

当選確定後の勝利演説でもトランプ氏は「私たちは、高速道路や橋、トンネル、空港、学校、病院を再整備します。インフラを再建し、他国に劣らないものにします。そのために数百万人の人々を投入します」と述べていた。

(We are going to rebuild our highways, bridges, tunnels, airports, schools, hospitals. We're going to rebuild our infrastructure, which will become, by the way, second to none. And we will put millions of our people to work as we rebuild it.)

さらには、中国など海外に移転した工場を国内に回帰させ、製造業を復活させる。そして、先に触れた法人税・所得税の減税だ。「生涯、税金を払ってきた勤労者に死後も税金を払わせることはできない」として、相続税も廃止するとしている。規制の見直しでは、新たな規制を１つ作れば、２つの古い規制を撤廃するというルールを定めた。

こうした一連の政策は、個人の消費と企業の投資を引き出すもので、１９８０年代のレーガン政権のレーガノミクス以上のインパクトがあるという見方から、アメリカの株価が上昇基調にある。

トランプ氏がレーガン以上の「偉大な大統領」になる？

「アメリカ・ファースト」から「偉大なアメリカ」への流れは、外交・軍事面で特にはっきり出てくるだろう。

オバマ大統領はこの8年で米軍を縮小し、特に海軍は第一次大戦以降、最小規模になった。

これに対しトランプ氏は大統領選中、海軍の主要艦艇を約270隻から約350隻に増やす計画を発表し、陸軍や空軍、海兵隊も増強するとしていた。就任後は、国防費を540億ドル（約6・2兆円）増やす方針を打ち出し、空母を10隻態勢から12隻態勢へと拡充すると宣言した。ソ連との冷戦を勝ち抜いた「レーガン軍拡」を彷彿とさせる。レーガン時代のように財政赤字がさらに拡大する恐れがあるため、同盟国の日本や韓国などに対して、「自分の国は自分で守る」ための防衛負担を求めている。

海軍を中心とする「トランプ軍拡」は、中国を意識したものだ。トランプ氏は就任前、中国による南シナ海での侵略行為について、「中国は南シナ海の真ん中に巨大な軍事施設を建設していいかと尋ねたか。私はそうは思わない！」とツイッターに書き込んだ。「偉大なアメリカ」が「中国に覇権を譲り渡さない」ということを意味しており、トランプ氏はそのためのプランをしっかり立てている。

２０１７年2月末の初めての施政方針演説では、その決意が語られた。

「私たちが今日、目にしているのはアメリカ精神の再生です。同盟国は、アメリカが再び世界をリードする準備が整っていることを知るでしょう。世界のすべての国々は、敵味方問わず、アメリカが強く、誇り高く、自由であることを知るでしょう」

（What we are witnessing today is the Renewal of the American Spirit. Our allies will find that America is once again ready to lead. All the nations of the world - friend or foe - will find that America is strong, America is proud, and

America is free.)

選挙戦でもその後も暴言を吐き続けるトランプ氏の姿からはまったく想像もつかないことかもしれないが、トランプ氏が4年あるいは8年間、大統領を務めたとき、冷戦を終わらせたレーガン大統領以上の「偉大な大統領」になる可能性がある。

天が「革命の旗手」を降ろした

幸福の科学の大川隆法総裁は、2015年12月の法話「信じられる世界へ」で、2016年は「革命が起きる年」にあたると述べた。

陰陽五行道では、2016年は「丙申《ひのえさる》」の年で、「革命の年」「大変革の年」とされる。「丙」は「それまであいまいだった物事がはっきり顕《あらわ》れてくる」、「申」は「天に通じる」という意味。そこから「天が革命の旗手を地上に降ろす」という意味合いが引き出されるのだそうだ。

ちなみに、240年前の「丙申」の1776年は、アメリカが独立宣言をした年。「トランプ革命」は、アメリカ建国の父ジョージ・ワシントンらによる「アメリカ独立革命」に並ぶものなのかもしれない。

その「革命の年」の2016年は、アメリカだけではなく、アジア各国でトップが交代した。

台湾では5月、蔡英文総統が誕生。就任式で台湾が民主主義国家であることの意義を何度も強調した。

「台湾は世界の公民社会の模範生であり、民主化以降、我々は平和、自由、民主主義、人権といった普遍的価値観を終始堅持してきました」

「新政権の責任は台湾の民主主義を次のステージへと推し進めることです」

民主主義国家を守り抜く決意を示した蔡英文台湾総統。

「今日、明日、そしてこれから毎日、我々は民主主義を守り、自由を守り、この国の台湾人を守ってまいります」

中国は2020年ごろには台湾を併合することを目指しているが、独裁国家の中国に対して、自由と民主主義の台湾の独立を守り抜く固い決意を示した。

中国共産党政権に限りなく接近し、今にも中国に呑み込まれんばかりだった馬英九・前総統とは、180度異なるスタンスに立った。蔡氏の登場は、台湾の自由を守り、未来を開くという意味での「革命」と言えるだろう。

米台比露の民主主義国家による中国包囲網

オバマ前大統領に向けて「地獄に行け」と言い放ち、世界を驚かせたフィリピンのドゥテル

フィリピン国内で人気の高いドゥテルテ大統領。

テ大統領は、2016年6月の就任だ。

フィリピンは1500年代からスペインの植民地支配を受け、1899年からは支配者がアメリカに交代した。戦後もアメリカ軍に護られており、フィリピン人には「500年にわたって植民地支配を受けている」という考え方が強い。

フィリピン政界では、「フィリピンは『ドゥテルテ前（Before Duterte）』と『ドゥテルテ後（After Duterte）』で時代が区切られるだろう」という見方が出ている。つまり、「ドゥテルテ氏が欧米による植民地支配の歴史を克服する大統領になる」という見通しだ。

海外から見ている限りはそうは見えないが、ドゥテルテ氏が「革命」的な指導者であるというフィリピン国内での評価は、日本として念頭に置いておくべきだろう。

ドゥテルテ氏はアメリカと距離を置き、中国に急接近しているように見えるが、なぜか日本の天皇陛下を「神のような存在として尊敬いたします」と語っており、日本への強い思い入れを持っている。本心は根っからの「親日」と見ていいだろう。

トランプ氏、蔡氏、ドゥテルテ氏。そこにロシアのプーチン大統領を引き込むことができれば、民主主義国家による中国包囲網ができあがる。

不思議なことに、彼らはトランプ氏の大統領就任前から〝意気投合〟している。

トランプ氏は２０１６年12月、蔡英文氏と電話会談。アメリカは１９７９年に中国と国交を結んでから、中国が主張する「一つの中国」の原則を了解し、台湾総統との接触を断ってきた。37年にわた

中国包囲網の形成へ

プーチン
習近平
蔡英文
トランプ
ドゥテルテ
中国
中国包囲網
旗色を決めず
2017年以降を見通すポイント
○「偉大なアメリカ」が復活し、中国の覇権主義に対抗へ
○アメリカ、台湾、フィリピンなどの民主主義国による包囲網の形成
○包囲網のベースには、神仏を敬う信仰心がある。これは天命に従う「革命」が起きていると言える

るアメリカの外交方針をひっくり返して、トップ会談が行われたことは「革命」的だ。

ドゥテルテ氏とも同年12月、電話会談し、トランプ氏はホワイトハウスを訪問するよう要請した。オバマ前大統領が批判したドゥテルテ政権による強権的な麻薬犯罪対策について理解を示し、一気に関係修復が進んだ。

プーチン氏とはすでに大統領選中から、お互いを認め合う発言を繰り返してきたが、トランプ氏当選後の電話会談で、ロシアのクリミア併合以来、冷え切った関係を正常化していくことで一致した。ロシアとの関係が劇的に改善するならば、冷戦が始まって以降の戦後外交の大転換となる。

アメリカ、台湾、フィリピン、ロシアによる中国包囲網は、早くも完成しつつあるようだ。

「信仰」による包囲網が中国の覇権を止める

彼らの共通点は、意外かもしれないが、信仰深く、宗教を大切にしていることだ。トランプ氏は光明思想家のノーマン・ビンセント・ピール牧師を「心の師」と仰ぎ、ピール牧師の説く「積極的考え方の力」を実践してきた。トランプ氏はその信仰観についてこう語っている。

「自分が（キリスト教の）いくつかの教えに反していることは自覚しています。しかしもちろん私は、人間より偉大な力（神）が存在することを信じています。その気持ちが、どんな状況をも耐え抜く強さを与えてくれます」

大統領になってからも、信仰心は変わらないようだ。

ワシントンでは毎年2月、全米の宗教関係者とワシントンの政界関係者が集まって祈りを捧げる「ナショナル・プレイヤー・ブレックファースト」（National Prayer Breakfast）という会合が行われる。そこでのトランプ氏のスピーチは、宗教心あふれたものだった。

「この部屋にいる人々は、数多くのバックグランドがあります。みなさんは多くの宗教、多くの見方を代表しています。しかし、私たちはみな、創造主への信仰と、創造主の目にはすべての人が平等であるという揺るぎない知識の下に、一つになることができます。私たちは単なる肉体ではありません。私たちは魂が宿った人間です。私たちの共和国は、政府が自由をもたらすのではなく、神が自由をもたらすという原理の上に形づくられているのです」

（The people in this room come from many, many backgrounds. You represent so many religions and so many views. But we are all united by our faith in our Creator and our firm knowledge that we are all equal in His eyes. We are not just flesh and bone and blood. We are human beings, with souls. Our Republic was formed on the basis that freedom is not a gift from government, but that freedom is a gift from God.）

一方、トランプ氏と戦ったクリントン氏は学生時代、住民運動でアメリカの社会主義化を目指した活動家ソウル・アリンスキー氏の思想に傾倒し、卒業論文のテーマにしたほど。社会主義の大国・中国については、「（習近平氏が語る）『中国の夢』は、アメリカン・ドリームの中国版よ」と語るぐらい、中国にシンパシーを感じていた。クリントン氏とトランプ氏とでは、対中国戦略はまったく違うものになっただろう。

蔡氏は信仰について表立って語ることはないが、クリスチャンの李登輝《りとうき》元総統の精神を受け継ぎ、「己を愛するがごとく国民を愛する精神」の大切さを力説している。蔡氏が「台湾の自由と民主主義を守る」と語っているのは、その底流に「神の子としての人間が神の心を忖度《そんたく》しながら幸福を実現するのが民主主義」という理想があるからだろう。

ドゥテルテ氏は、カトリック教徒とされているが、とても信仰深くは見えない。ローマ法王がマニラを訪問した際に大渋滞を起こし、自身が立ち往生したことについて、「二度とこの国に来るな」と非難したことがある。ただ、その発言の謝罪のためにバチカン訪問を検討しているというから、カトリックとしての自覚はあるらしい。

加えて先に触れたように、日本の神道の最高神官である天皇陛下を篤く〝信仰〟している。ドゥテルテ氏なりの形で神仏に対する敬虔さを持っているようだ。

プーチン氏は、唯物論の国だったソ連を宗教国家に生まれ変わらせた。政府の重要な行事にはロシア正教の総主教が出席しており、国家の土台に宗教を置いている。自身も身につけた十字架を外したことがないというほどの信心深さだ。

中国に対する包囲網は、単に自由と民主主義の価値観によるものだけではなく、神仏を信じ、宗教を尊重する価値観が根底にある。

「天が地上に降ろした革命の旗手」たちは、唯物論国家・中国の崩壊に向け、陣形を整えているかのようだ。

大川総裁は、著書『繁栄への決断』でこう述べている。

「では、台湾の蔡英文総統に電話を入れ、ロシアのプーチン大統領と友好的に接近しようとしている人が考えていることとは何でしょうか。それは、『中国の覇権を止める』ということです。これが、『トランプ革命』の本当の意味なのです」

「幸福の革命」の果実を獲り入れる2017年

となれば、残るは日本の「革命」ということになる。

トランプ氏の外交・国防政策に呼応し、「自分の国は自分で守る」体制をつくる革命が求められている。

戦後の日本は、憲法9条の下、国防をアメリカに依存し、経済成長に専念してきた「半主権国家」だった。トランプ氏は戦後初めて、日本の「主権」と「独立」を認めるアメリカ大統領になるのではないだろうか。アメリカの「核の傘」に護られてきた日本が核装備に踏み切ることにも、トランプ氏は選挙戦で言及した。

あとは、日本の国家としての気概の問題だ。防衛費の3倍増、憲法9条改正、核装備の3つを真剣に、具体的に進める時が来た。これは1945年の敗戦以来の大変革となる。

戦後体制の変革ということでは、信仰を軽んじる唯物論的風潮を変え、宗教の尊厳を取り戻す「革命」も不可欠となる。唯物論国家のソ連からキリスト教を重んじるロシアに転換したように、日本人も本来の宗教心を取り戻す必要がある。

そうした「宗教革命」が成就して初めて、唯物論の中国に対する包囲網が完成する。

先の戦争時、日本が目標として掲げた大東亜共栄圏は有色人種に対する欧米の植民地主義を終わらせるという構想だったが、中国共産党政権の崩壊を目標とした新たな大東亜共栄圏が生まれることになる。

アメリカが国内の立て直しにしばし専念するならば、やはり日本が新しい共栄圏のリーダーとして立つべきだろう。

大川総裁は著書『政治革命家・大川隆法』のあとがきで、これからの日本の役割についてこう述べている。

「神仏の子としての誇りを手にした人々が、『自由の創設』をすることこそ、国家の持つ使命だと考える。

無神論・唯物論を助長し、自国民への弾圧と他国民への侵略を容認する政治を、世界に蔓延させるわけにはいかないのだ。日本よ、『自由の大国』を目指せ。そして『世界のリーダー』となれ」

また、大川総裁は法話「信じられる世界へ」で、「革命」によって何を実現するかについて、こう強調した。

「私たちの目指す革命は、かつてよくあったような、いわゆる『暴力革命』ではなく、『幸福の革命』です。つまり、多くの人々を幸福にしえてこそ、本当の世直しができ、『世界を変えた』と言えるのです」（『伝道の法』所収）

2017年は、陰陽五行道では「丁酉《ひのととり》」。「丁」は草木が伸びて姿かたちが明らかになり、「酉」は実が熟することを意味するそうだ。

日本でもアジアでも、天が命じた「革命」の果実を獲り入れる年になることを目指したい。

第1章のポイント

1　トランプ大統領の戦略は、アメリカ国内を立て直し、再び「世界の警察」として復活することにある。これは「アメリカ独立」に匹敵するほどの「革命」。

2　アメリカ、台湾、フィリピン、ロシアによる中国包囲網が完成しつつある。

3　中国包囲網には、神仏を信じ、宗教を尊重する価値観が根底にある。

【主な参考文献】

大川隆法著『トランプ新大統領で世界はこう動く』（幸福の科学出版）
大川隆法著『繁栄への決断』（幸福の科学出版）
ハンナ・アレント著『革命について』（筑摩書房）
ドナルド・トランプ著『トランプ自伝』（筑摩書房）
大川隆法著『守護霊インタビュー　ドナルド・トランプ　アメリカ復活への戦略』（幸福の科学出版）
蔡英文著『蔡英文 新時代の台湾へ』（白水社）
大川真輝著『正しき革命の実現』（幸福の科学出版）
大川隆法著『政治革命家・大川隆法』（幸福の科学出版）
大川隆法著『伝道の法』（幸福の科学出版）

第2章

「生贄型《いけにえ》」グローバリズムの終わり

――なぜトランプ革命から300年の繁栄が始まるのか

「アメリカ国内に工場を建てろ。さもなければ高い関税を払え」

トランプ大統領は、日米の製造業を自身のツイートで次々と攻撃し、各国に〝貿易戦争〟を仕掛けている。貿易ばかりか移民問題でも、「メキシコとの国境に壁を築く」ことを実行しようとしている。

一方、ヨーロッパでは、２０１６年6月にはイギリスが欧州連合（ＥＵ）からの離脱を決めた。イギリスは毎年、移民をＥＵ内外から30万人以上受け入れており、「もう移民を受け入れたくない」という意思表示を行ったものだ。移民がイギリスにやって来たら、自動的に一定の社会保障を提供しなければならないため、国民に不公平感が募っていた。

２０１７年の4～5月にはフランス大統領選が行われるが、「反移民」を訴える右派政党・国民戦線のルペン党首を選ぶこともあり得る。そうなれば、フランスもイギリスの後を追って、EU離脱を決めることになる。

1993年に誕生したEUは、「域内の人・モノ・お金・サービスの移動を自由にすることで、欧州を一つにする」というのが理念だ。95年から人の移動を自由にするため、国境をなくした。しかし、中東やアフリカから難民が押し寄せ、各国が国境を復活させている。

国境をできるだけ低くし、人・モノ・お金が世界を自由に行き来するグローバリズムの流れは、1980年代から強まった。それが今、米欧で逆転し、反グロ

ハンガリー国境に設けられたフェンス。「人の移動の自由」というEUの理念自体が否定されている。写真:ロイター/アフロ

ーバリズムとナショナリズムが時代の潮流となっている。

ただ、反グローバル化が進み、人・モノ・お金の循環にブレーキがかかると、世界経済が縮小していきかねない。トランプ氏による「ツイート政治」によって、世界経済の基盤が突き崩されていくのだろうか。世界各国の政界、経済界がトランプ氏の「ツイート砲」から目が離せなくなっている。

アメリカや日本の衰退の原因は、グローバリズム

グローバリズムの主役は、多国籍企業と中国だ。

アメリカや日本の製造業は80年代以降、「人件費などコストが安い」という理由で、工場を中国などアジア各地に移転させてきた。

その結果、中国経済はＧＤＰ（国内総生産）が１９９０年から25年間で30倍以上の成長。中国政府はそこから得た税金を軍備拡張に注ぎ込み、アメリカに対抗

する軍事大国となった。軍事費の増大は、公表されている分だけでも1988年から2016年まで約44倍になった。

一方で、日米とも雇用が中国などに流出したうえ、安い中国製品が流れ込んだ。こうした製造業の「空洞化」のために、ミドルクラスが失業したり、所得が落ち込んだりした。

日本の場合、1世帯当たりの平均所得が1994年から120万円以上も減ってしまっている。GDPが約25年間伸びず、企業や個人が政府に納めるべき税金も減少するのは当然ということになる。

中国に工場を移転した製造業は、日本国民の収入になるべきものを中国国民の収入に振り替え、中国政府の税収を増やし、軍事大国化を後押ししてきた。厳しい言い方をすれば、「売国奴的企業」だったということになる。

幸福の科学の大川隆法総裁は著書『繁栄への決断』でこう指摘した。

「日本がこの二十五年間で衰退したことには幾つかの原因があると考えられますが、私は、その核心は『グローバリズム』だと思うのです」

そのうえで、企業にも愛国心が必要だと強調した。

「安い人件費でやっているところから、日本を通さずして、ほかのところに売っても構わないというのは、要するに、企業がグローバル化することによって、『税金逃れ』をできる体制ができてしまったことを意味します。これをもう少し、『国内に税金を払ってくれる体質へと戻す必要がある』のではないでしょうか。

ある意味では、『愛国心が薄れてしまった部分を、企業にも取り戻してほしい』というところが出てきているのではないかと思います」

アメリカでは、多国籍企業による「税金逃れ」が、もっと意図的なかたちで行われている。

マイクロソフトやアップル、グーグル、アマゾンなど代表的な企業が、タックスヘイブン（租税回避地）やダミー会社を利用するなどして、アメリカでの課税を極力免れてきた。

これら大企業の経営者が数十億円もの年収を得ている「格差」に対し、白人の中低所得層の怒りが爆発し、トランプ大統領を誕生させたと言っていい。

グローバリズムの源流は、ユダヤ人の商慣習にあった

グローバリズムのもう一つの主役は、多国籍企業と結びついた米英のユダヤ系の金融資本家だ。ゴールドマン・サックスやモルガン・スタンレーなどが、アメリカのユダヤ系の金融機関として知られる。

米英がお金の流れを通じて各国をコントロールする際に登場する国際通貨基金（ＩＭＦ）や国際決済銀行（ＢＩＳ、注１）とも強く結びつき、世界各国で自由なビジネスができる環境を追求している。ＥＵもこの流れの中の一つだ。

ＩＭＦは、財政危機や金融危機に陥った国を支援する役割があるが、その際、財政赤字の削減や貿易・投資の自由化などを強要しようとする。その後で米英の金融機関がビジネスに乗り出してくるのが一つのパターンだ。

ＢＩＳは、「一定の自己資本を確保しなければ国際ビジネスをしてはいけない」という規制を世界中の銀行に押しつけてきた。ユダヤ系の金融機関が日本の銀行の国際展開を抑え込むかたちとなっている。

米英のユダヤ系金融資本家の目指すところはこうだ。

国境をなくし、人の移動やモノの輸出入、お金のやり取りを自由にできるほうがいい。そうした環境が世界各国に広がれば、多国籍企業と米英の金融機関が進出でき、たくさん稼げる――。

彼らがこの数十年、グローバリズムの〝伝道師〟の役割を果たしてきた。その〝教義〟の中心はユダヤ人の伝統的な商慣習だ。

歴史的にユダヤ人は迫害を受け続け、いつ自分たちの財産を根こそぎ奪われるか分からなかった。だから、持っている財産はいつでも売ったり買ったりできなければならない。その「自由なビジネス環境」を取引相手にも求めたのが、グローバリズムの出発点とされる。

グローバリズムとリベラリズムが不幸を生んだ

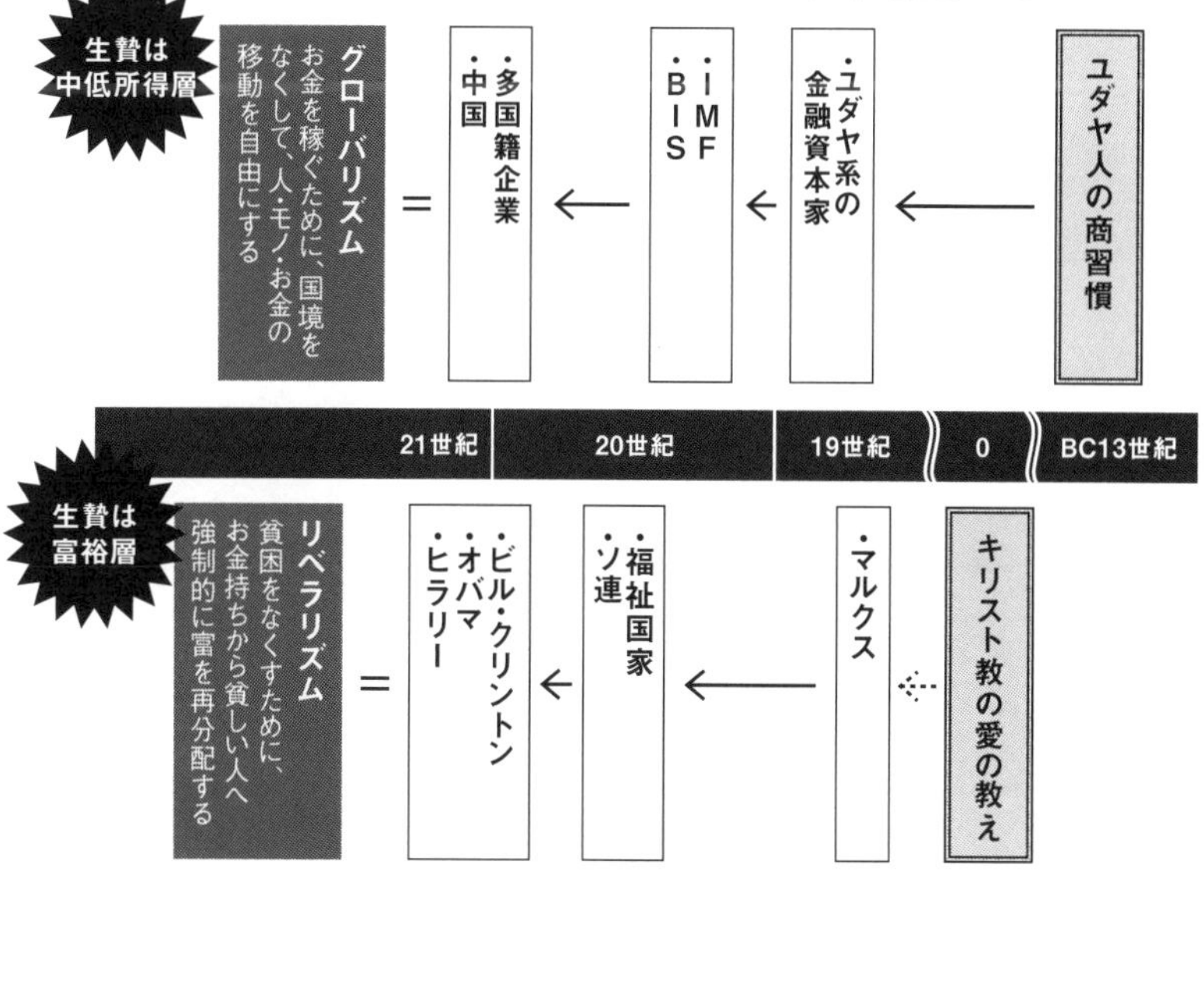

（注1）国際通貨基金（IMF）は、1944年にアメリカの主導で設立された国際金融機関。加盟国の出資金をもとに、財政破綻しそうな国を支援することが主な役割。国際決済銀行（BIS）は、1930年に設立された国際銀行。金融業務の国際的な規制を決めている。

「既得権益層は、国民を守らなかった」

しかし、米英の金融機関と多国籍企業、そして中国が一方的に稼いでいて、アメリカや日本の国民の生活が十分守られない「弱肉強食」の世界が展開した。グローバリズムによって、国民を守るべき国家の役割が果たせなくなってしまっている。

政府がどんな財政運営をするか、貿易や投資、金融についてのルールをどうするかは、各国の「主権」に属することだ。もちろん国際的な協調は必要だが、それぞれの国の商慣習や文化がある。

こうした現実に対し、トランプ氏は大統領選中、2016年4月の外交演説でこう語っていた。

「私たちはもはや、グローバリズムという間違ったうたい文句のために、この国と国民を犠牲にすることはしません。国民国家こそ、幸福と調和の真の基礎であり続けるものです」

(We will no longer surrender this country or its people to the false song of globalism. The nation-state remains the true foundation for happiness and harmony.)

2017年1月の就任演説では、グローバリズムを進めてきた既存の政治勢力をストレートに批判した。

「ワシントンは栄えましたが、国民はその富を共有しませんでした。政治家たちは豊かになりましたが、仕事は失われ、工場が閉鎖されました。既得権層は身を守りましたが、私たちの国の国民を守りませんでした」

（Washington flourished, but the people did not share in its wealth. Politicians prospered, but the jobs left and the factories closed. The establishment protected itself, but not the citizens of our country.）

「貿易、税金、移民、そして外交問題に関するすべての決定は、アメリカの労働者やその家族に利益となるようにします。私たちの製品をつくり、企業を奪い雇用を破壊する他国の行為から国境を守らなければなりません。防御が大いなる繁栄と強さをもたらすのです」

（Every decision on trade, on taxes, on immigration, on foreign affairs will be made to benefit American workers and American families. We must protect our borders from the ravages of other countries making our products, stealing our companies and destroying our jobs. Protection will lead to great prosperity and strength.）

トランプ氏は、国家としての「主権」や「自主性」、さらには「愛国心」を取り戻そうとしている。

それがトランプ氏が訴えていた「アメリカ・ファースト」の真意だろう。

〝生贄〟を必要とするグローバリズムとリベラリズム

同時にトランプ氏は、オバマ前大統領時代のリベラリズムにも「ノー」を突きつけている。

つまり、オバマ氏が強化し、ヒラリー・クリントン氏が継承しようとした富裕層から貧困層への税金の再配分の仕組みをひっくり返そうとしている。オバマケア（医療保険制度改革）はその本丸だ。

宗教的に見れば、リベラリズムの源流はキリスト教にある。「百匹の羊のうち、一匹が迷ったら、その羊を救いに行く」というのがイエス・キリストの愛の教え。それを唯物論的に曲解し、政治的に組み替えて実現したのがマルクスの共産主義だ。

マルクスは「貧しい人たちは搾取《さくしゅ》されている」と考え、お金持ちを憎み、その富を強制的に奪って配分する政治制度を考えた。リベラリズムはその流れにある。

一方、ユダヤ人の商習慣を源流とするグローバリズムには、「ユダヤ人を迫害する国家という存在を憎み、あわよくばなくしたい」という考え方が根底にある。

その結果、一人ひとりの国民は「弱肉強食」の世界に放り出されてしまう。

リベラリズムや共産主義は、お金持ちという〝生贄《いけにえ》〟を必要とし、グローバリズムは国家の存在という〝生贄〟を必要としている。

これは、リベラリズムが目指す「平等」と、グローバリズムが目指す「自由」が極端なところまで行き過ぎ、悪魔的なものに変わってしまっているのかもしれない。それでは、最終的に大多数の人々の幸福を生むことはないだろう。

グローバリズムとリベラリズムが終わる時代

大川総裁は先の『繁栄への決断』で、グローバリズムと共産主義の共通点について述べている。

「グローバリズムそのものは、主としてアメリカ発信のものではあったものの、結局、ある意味においては、『万国の労働者よ、団結せよ』という共産党のスローガンと似たようなところがあったのかもしれません。

それ自体はもともと資本主義的なものだったはずであり、『アメリカンスタンダードを広めれば、世界が豊かになって、幸福になれる』という考えだったのでしょうけれども、どこにでも同じルールを適用していくと、結果として共産主義に似てくるところがあるわけです」

グローバリズムでは、米英の金融機関や多国籍企業などが「自由なビジネス」のためのルールを各国に押しつけ、中低所得層を押し潰している。

共産主義やリベラリズムでは、お金持ちに重税をかけ、全員を「貧乏の下の平等」へと押し下げる。

また、グローバリズムでは多国籍企業と金融資本家、共産主義・リベラリズムでは政府のエリート官僚が肥大化し、「特権階級」が形成される。一般庶民との間では桁違いの「格差」が生まれる。

トランプ氏が、こうした「生贄型」のグローバリズムとリベラリズムの両方を葬り去ろうとするのは、時代をとらえた優れた判断だということになる。

中国はグローバリズムと共産主義が一体化

ちなみに、グローバリズムの主役の一つである中国は、グローバリズムと共産主義の一番悪い部分を集めたような国家体制になっている。

中国共産党が「特権階級」を形成し、一般国民を桁違いの経済的「格差」の下に置いている。それだけでなく、思想信条・言論の自由が認められていない。

一方で、共産党幹部たちは、国営企業をつくって世界中で「自由なビジネス」を展開し、一族で数千億円や数兆円単位の資産を隠し持っている。

13億人の中国国民は、共産党幹部たちの〝生贄〟だ。

トランプ氏が、「グローバリズムとリベラリズムを葬り去る」という信念を持っているとするならば、最終目標は中国の共産党独裁体制の崩壊ではないだろうか。

EU、TPPの不思議な構造

グローバリズムとリベラリズムの悪い部分ということでは、EUについても同様のことが言える。

EUは、ヨーロッパという地域を限って国境をなくすグローバリズムの地域版だ。ベルギーのブリュッセルにあるEU本部で、さまざまな規制が決められ、各国に押しつけられている。

例えば、イギリスの漁業のあり方は、2016年のEU離脱の大きな争点となった。EUは乱獲防止のため、域内各国に漁獲量の割り当てを行っている。イギリス近海は世界有数の豊かな漁場だが、イギリスへの漁獲割り当てが少なく、フランスなど他の国の漁船のほうがより多く魚を獲っている。

イギリス国民は「フィッシュ・アンド・チップス」という、白身魚とポテトをフライにした料理を好むが、それもノルウェーから輸入したタラを使う場合が多いという。

EU加盟後、イギリスの漁師の廃業続出が深刻な問題となっており、EU離脱の原動力の一つとなった。

これは、「同じルールを適用」し、各国の「主権」や「自主性」を奪うグローバリズムの典型的なケースだろう。国民食を輸入に頼るしかなくなったら、「愛国心」に関わる。

その一方でＥＵは、リベラリズムの側面も強い。域内の国に限って人・モノ・お金・サービスの移動の自由を実現しているわけだが、それ以外の第三国に対しては閉鎖的で、一つの「ブロック経済」を形づくっている。アメリカや日本に対抗するための貧しい国同士の「弱者連合」で、国力の大きいドイツに他の国がぶら下がっている。

つまり、ＥＵはグローバリズムの「自由」とリベラリズム的な「平等」を併せ持つ不思議な構造だ。

トランプ政権誕生までは推進されていた環太平洋連携協定（ＴＰＰ）も、ＥＵの構造と似通っている。モノやサービスの移動の自由を実現しながら、特に中国の脅威に対抗するための「弱者連合」でもある。

オバマ前大統領時代のアメリカが中国に対し、さも「弱者」であるかのような立場をとっていたために、日米を中心として「中国包囲網」を経済面から形成しようとしたのがＴＰＰだった。

中国に対して「強者」の戦略をとるトランプ氏にとっては、グローバリズムとリベラリズムの両方を体現するＴＰＰは当然、葬り去るべき対象となる。

トランプ氏は「利自即利他」を実践しようとしている？

トランプ氏の登場を踏まえ、これからの時代を構想するならば、誰かや何かを憎み、〝生贄〟をつくり出すということをしない社会を開くべきだろう。

仏教的に言うなら、自分を利する生き方が、同時に他を利する生き方、すなわち、自分も他の存在も害することのない「利自即利他」の中道が求められる。自らの悟りによって得た幸福感を、世の中の人々に還元していく思想でもある。

大川総裁は１９９２年の法話「理想国家日本の条件」の中で、利自即利他の国家間の関係について述べている。

「その国を豊かで、理想的なるものにすることは、まずその国自身の責任であり、豊かで理想的なる国をつくり、そして各国の国益を世界の利益と調和させるところに、理想の世界国家関係が成り立つのだ、ということを知らなければなりません。

ネイション・ステイト（国民国家）という考え方は、まだまだ重要です。そして、そのなかにおいて、各国民が自助努力の精神を最大限に発揮し、理想のもとに努力することが大事なのです」（『理想国家日本の条件』所収）

前出の『繁栄への決断』では、グローバリズムとリベラリズムの問題に触れながら、これからの時代の方向性を明らかにした。

「だからこそ、私たちは、『国家レベル』での、政治や経済、貿易の仕組みを変えていくと同時に、『個人のレベル』で、自分の考え方を変え、心を変えていかねばなりません。（中略）やはり、ここで必要なことは、『自助努力からの発展・繁栄』です。そして、その自助努力の考えが、単なる利己主義になることなく、利他の思いへと変わっていくことが大切なのです。（中略）

個人個人が、自分の心を変えることによって歩む『自己変革』と『悟り』への道は、同時に、世界を『愛の国』『幸福の国』『地上ユートピア』へと変えていく道でもあります。そういう道を選び取らなければならないのです」

トランプ氏が掲げる「アメリカ・ファースト」と「アメリカを再び偉大な国にする」は、利自即利他の精神を示していると言える。

つまり、まずは自分の国を豊かにし、そのうえで超大国として、世界に対する責任を果たそうとしていると見るべきだろう。

トランプ氏は、自由貿易を支えようとしている

トランプ氏が具体的に進めようとしているのが、中国やメキシコなどからアメリカに輸出する製造業を国内に回帰させることだ。

冒頭の国内外の製造業へのツイート攻撃も含め、トランプ氏に対しては「自由貿易を破壊する保護貿易主義者だ」という批判が強まっている。

ただ、もともと自由貿易は、その時代の覇権国や大国が世界中から産品をたくさん輸入することで成り立ってきた。

覇権国や大国の〝器〟の範囲内で、各国が強みのあるモノやサービスを提供し、互いにウィン・ウィンの関係を成り立たせてきた。それがイギリスの経済学者のアダム・スミス（1723〜1790年）の国際貿易の考え方であり、リカード（1772〜1823年）が唱えた「比較優位説」（注2）だった。

19世紀には、覇権国イギリスを中心とした自由貿易体制が形成されていた。

しかし、1929年の世界恐慌以降、アメリカ、イギリス、フランスなどが保護貿易に走り、それぞれブロック経済をつくった。それが第二次大戦の大きな要因となったことから、戦後は、新たに覇権国となったアメリカが世界経済の３割におよぶ自国の巨大な市場を開放し、自由貿易体制が復活した。

ところが今、アメリカは中国に対してだけでも年約３７００億ドル（約43兆円）の貿易赤字を出しており、ウィン・ウィンの関係であるべき自由貿易の大前提を踏み外してしまっている。

大川総裁は、トランプ氏の対中貿易政策についてこう指摘している。


「片方の国のみが一方的に儲けているような状況であるのは、やはり、おかしいと言わざるをえません。また、そうした状況でもって儲けたお金が、よいことのためだけに使われるならばともかく、軍事的拡張主義や核兵器の増大のために使われていくのであれば、たまりません。

そこで、『原点に戻り、もう一回、国対国における採算を見直そうではないか』というわけです。（中略）

これは、経済面における『トランプ革命』の一つであると言えます」

（『繁栄への決断』より）

やはり、トランプ氏は自国の貿易不均衡を調整し、世界の自由貿易を支えようとしていると考えるべきだろう。

（注2）自由貿易においてそれぞれが自身の最も得意分野に特化・集中することで、それぞれの労働生産性が増え、高い利益を得られるとする説。

中国に対する兵糧攻めを仕掛ける

トランプ氏の対中戦略の特徴は、〝貿易戦争〟を仕掛けながら軍事面からの封じ込めを図ろうとしていることだ。

この点について大川総裁は同じく『繁栄への決断』でこう分析した。

「この二十五年間での米中における問題として挙げられることは、中国が対米に関しては非常に緩い基準でもって多額のドル預金、さらに米国国債を持ってしまい、米国の政治を揺さぶれるまでの力を持つに至ったということがあります。

これに対し、トランプ氏としては、おそらく、まずは中国が持っているドル債券、アメリカから儲けた部分を減らそうとするでしょう。これは、軍事的な戦い以前の、いわゆる〝兵糧〟の問題です。兵糧戦であるため、『そう長くは戦えず、大きな戦いができないようにさせよう』としているのだと見ています」

両国の貿易のバランスをとり、アメリカがもっと稼げるようにし、中国の〝兵糧〟を切り崩す――。その先に「世界の警察官」としてのアメリカの復活がある。

「日本スタンダード」としての二宮尊徳精神

日本もトランプ氏と同様に、利自即利他の国家間の関係を追求していくべきだろう。

大川総裁は著書『自由を守る国へ』でこう指摘している。

「そのように、『グローバルスタンダード』は、そんなに簡単には成立しません。『グローカル』という言葉もあるように、『グローバルにならなければいけないが、ローカルなものも生かしていかなければならない』という考えは要るでしょう。（中略）

日本は、日本の独自性をある程度踏まえた上で、『標準は何か』ということ

を考えるべきでしょう。そして、日本モデルを、アジアやアフリカ、あるいは、ヨーロッパの一部等に広めていくスタイルをつくったほうがよいと思います」

「日本スタンダード」「日本モデル」の一つが、長期的に人や企業を育てる日本型の資本主義の復活だ。

1990年前後の日本のバブル崩壊までは、5年や10年、さらにはそれ以上の期間にわたってお金を貸し、企業を育てる日本の金融のスタイルが機能していた。

その源流には、勤勉さや正直さの価値を教える二宮尊徳精神がある。その真髄は、「怠・奢（ぜいたく）・奪（争う心）」を「勤・倹・譲（利他の心）」に転換することにあり、かなりの厳しさを伴うものだ。それを尊徳は、農村復興を通じて人々に教育した。

二宮尊徳精神は、日本スタンダード。

明治期の国内や台湾・朝鮮の近代化は、「二宮尊徳の大量輩出」を目指した教育や産業振興によるもので、戦後の復興・成長期もその精神が生かされた。

しかし90年代、短期的な利益を求めるアメリカ流のグローバリズムが日本を席巻。日本の長期系の金融機関は敗れ去ったが、その流れがトランプ氏の登場で逆転の兆しを見せている。

日本型資本主義は、「善きグローバリズム」

大川総裁は著書『政治の理想について』で、先進国が途上国・新興国の産業を育てる役割について、こう指摘している。

「日本は、貿易において『輸出立国』の立場を長らく取ってきましたが、これからは、日本製品を外国に買ってもらうためにも、『他の国の産業を育てな

ければいけないのだ』という使命感を持つ必要があります。『他の国の産業を育て、導く』という先生役としての労を厭ってはならないと思います。

他の国のものを買うことで、その国を富ませ、日本の製品を買ってもらえるようにしていくことです。互いに売買をすることで経済は大きくなっていくのですから、そういう努力をしなければいけません。それが貿易による『国富増大への道』であると思います」

日本型資本主義は、教育・金融・産業振興・輸入が一体となったものだ。それを戦前・戦後を通じて行ってきたが、今こそ官民挙げて復活させていくべきだろう。

途上国は輸出できる農産品はあるが、付加価値の高い製品をつくれるわけではない。日本は、まず農産品を買うところから始める。お金を貸し、産業を育て、その間は輸入品をブロックする保護主義的な措置を認める。工業製品が輸出できるまでになれば、途上国の国民はある程度の豊かさを享受できるようになる。

じっくりと人や企業を育てるところが、短期的に利益を求める「生贄型」のグローバルスタンダードと正反対だ。

現在、日本は、世界で最も多額のお金を他国に投資したり、貸したりしている「世界一のお金持ちの国」（注３）。日本型資本主義によって、少なくともアジア・太平洋圏での「人・モノ・お金の循環」をつくり出していくことを目指したい。

（注３）２０１５年末時点の対外純資産（日本の政府、企業、個人投資家が海外に持つ資産から負債を差し引いた金額）は約３３９兆円。25年連続で最大となった。

移民受け入れは、大国としての「義務」

「人」という観点では、移民を受け入れることも、覇権国、あるいは大国の役割の一つだ。

アメリカは国の成り立ちが移民から始まっている。200年以上、成長・発展し続けているのも、毎年、移民を受け入れ続けているからだ。若くてハングリーな人たちが世界中からやって来て、勤勉に働いて成功を手にする「アメリカン・ドリーム」は今も健在だ。

では、日本が移民を受け入れることについて、どう考えればいいだろうか。EU各国のように、ほとんど無制限に受け入れれば、国内秩序が崩壊するだけになる。EUのようなグローバリズムの考え方とは違う受け入れ方があり得るのではないだろうか。

大川総裁は、著書『朝の来ない夜はない』でこう指摘している。

「『先進国の人なら入ってきてもかまわないが、発展途上国の人は、あまり入れたくない』というのは、世界第二位の大国としては、わがままな考え方です。やはり、移民を受け入れていかなければならないのです。（中略）し

たがって、日本も途上国から人材を受け入れなければいけません。日本には、そういう義務があると思います。日本から学ぶことは、たくさんあるのです。（中略）かつてのアメリカが、自分たちの考え方を輸出し、外国にどんどん広げていったように、日本的な成功の方法を、アジア、アフリカの人たちに伝えることができるのではないでしょうか」

大国としての「義務」を果たすために、十分にコントロールした移民受け入れ制度を模索すべきだろう。

「反日国」からの受け入れは難しい

その制度の中心的な理念は、「移民が日本社会に溶け込み、〝立派な日本人〟になるまでのきめ細やかなステップを用意する」ことにある。

時間をかけて、移民を受け入れる条件や環境を整えていくことはできる。例えば、それは以下のようなものだ（注4）。

●途上国に援助してアジア各国で日本語学校をつくり、日本語や日本でのマナー、社会常識を一通り教える。その中で優秀な人を日本に送る。

●受け入れの際は、日本人の身元保証人を立て、3年や5年の期間、罪を犯さず、勤務態度が良く、税金をしっかり納めているなら、その期間を更新できるものとする。

●10〜20代の若者を大学や職業系高校に受け入れ、教育してから社会に送り出す。

●公立学校の空き教室などを利用し、日本に住む外国人が日本語や日本文化を学べるようにする。

●さらには、日本が好きで「日本のために働きたい」と考え、「いざという時には日本のために戦う」と宣誓する人には日本国籍を取得できる道を開く。

ポイントは、外国人に日本語や日本の生活様式を身につけたり、日本を愛することができるよう、教育することにある。そのため、出身国が「反日」教育をしているような国については、基本的に受け入れは難しい。

日本国籍を取らない場合、日本に留学し、働いた後、出身国に帰ってその国を発展に導く役割を担うことになるだろう。

（注４）移民政策研究所所長の坂中英徳氏による「人材育成型移民政策」を一部参考にした。

グローバリズムの進め方に善し悪しがある

日本型の資本主義を世界に広げ、途上国・新興国の人材と企業を育てる。さらには、〝立派な日本人〟をつくることを目指し、移民を受け入れる。この日本のチャレンジが、やがて「生贄型」のグローバリズムをなきものにするだろう。

グローバリズムは本来、先進国が成し遂げた豊かさを途上国・新興国にも広げるもので、その結果、世界全体が繁栄することを理想としている。つまり、「生贄型」グローバリズムは、そのやり方に問題がある「悪しきグローバリズム」であり、「善きグローバリズム」はあり得るということだ。

早くから欧米主導のグローバリズムの害悪を指摘してきたアメリカの経済学者ジョセフ・スティグリッツ氏は、著書『世界に格差をバラ撒いたグローバリズムを正す（Making Globalization Work）』の中でこう指摘している。

「グローバル化には、先進国と途上国の双方に巨大な利益をもたらす潜在力がある、と私は信じている。しかし、これまでの証拠が雄弁に物語るとおり、その潜在力は発揮されるに至っていない」

そう述べたうえで、「問題がグローバル化自体にあるのではなく、グローバル化の進め方にある」と強調した。

日本ならば、グローバル化の進め方を正し、ナショナリズムと両立する「善きグローバリズム」の時代を開くことができる。

「善きリベラリズム」の時代をつくる

途上国・新興国にお金を貸し、人材と産業を育てるということは、日本はもっと高度で付加価値の高い産業を生み出す努力をしなければならないことを意味する。

大川総裁は、著書『資本主義の未来』でこう述べた。

「今までにないものをつくり出す、考え出す、生み出す力です。これが大事であり、『どうやって、創造的な頭脳をこの国につくり出すか』ということが大事なのです」

リニア新幹線網などの交通革命によって移動時間を短縮し、人生の密度を濃密にする。宇宙や海中など人間活動のフロンティアを拓く。人口・食糧・エネルギー問題など人類的な課題を解決する――。

こうした新しい産業モデルは、〝無限の富〟を生み出す可能性があるものだ。その結果、限られた富を奪う共産主義やリベラリズムの役割を終わらせることになるかもしれない。莫大な富をもとに騎士道精神で弱者を助ける「善きリベラリズム」の時代が始まるのではないだろうか。

日本こそ、「生贄型」のグローバリズムとリベラリズムを排し、利自即利他の精神にもとづく共存共栄の世界をつくり出すことができる。

「自由と平等」の時代から「智慧と慈悲」の時代へ

近代以降は「自由」と「平等」の時代だった。自由と平等が両立することは難しい。

「機会の平等」という点で両者は接着点があるが、ベクトルが逆方向だ。

自由の下では格差が広がり、平等ではなくなる。平等（結果平等）の下では自由が抑圧される。冷戦時代のアメリカとソ連の対立はその象徴だ。

自由の下で進歩があり、平等の下で調和があるとすれば、近代は進歩と調和のバランスが難しい時代だった。

最終的に、自由が極端なところまでいってしまい、「生贄型」グローバリズムが生み出された。また、平等が極端なところまでいってしまい、「生贄型」の共産主義・リベラリズムが生み出された。極端までいけば、共産中国のように、グローバリズムと共産主義が同居するわけだが、〝生贄〟があまりにも多くなる。

自由と平等の近代は、行き止まりにきているようだ。

大川総裁は、これからは「智慧と慈悲」が中心的な価値観になると指摘している。

「これから先の時代は、『自由と平等の時代』ではなく、『智慧と慈悲の時代』であると申し上げたいのです。『自由と平等』に替わるべきものは、『智

慧と慈悲』です。ここに、人類が新しい文明に向かっていくための、大きな転換の理論があります」

（『信仰告白の時代』より）

本章の内容で言えば、「智慧」は、人間の考え方を「勤・倹・譲」に変える二宮尊徳的な智慧や、今までにないものをつくり出す智慧だろう。

「慈悲」は、二宮尊徳的な教育であり、騎士道精神で弱者を助けることが、それにあたるだろう。

智慧と慈悲は、「智慧を他の人にも共有することが慈悲である」という関係にあるので、両立が可能だ。人類は今後、進歩しつつ調和する新文明をつくり出すことができるのではないだろうか。

「トランプ革命」が300年の繁栄と新文明の出発点となる

今は、約３００年前の１７００年代の欧米で確立した近代資本主義、その後の共産主義が終わろうとしている時代だ。それは、裏を返せば、これから少なくとも３００年にわたるであろう未来型の資本主義が生まれる時代でもある。

「トランプ革命」から始まるさまざまな変革は、これから３００年にわたる世界の繁栄をもたらし得る。その意味で、トランプ時代に世界経済が縮小し、崩壊していくということはないと言える。

さらには、文明的な転換として「智慧と慈悲」の時代が到来するということならば、

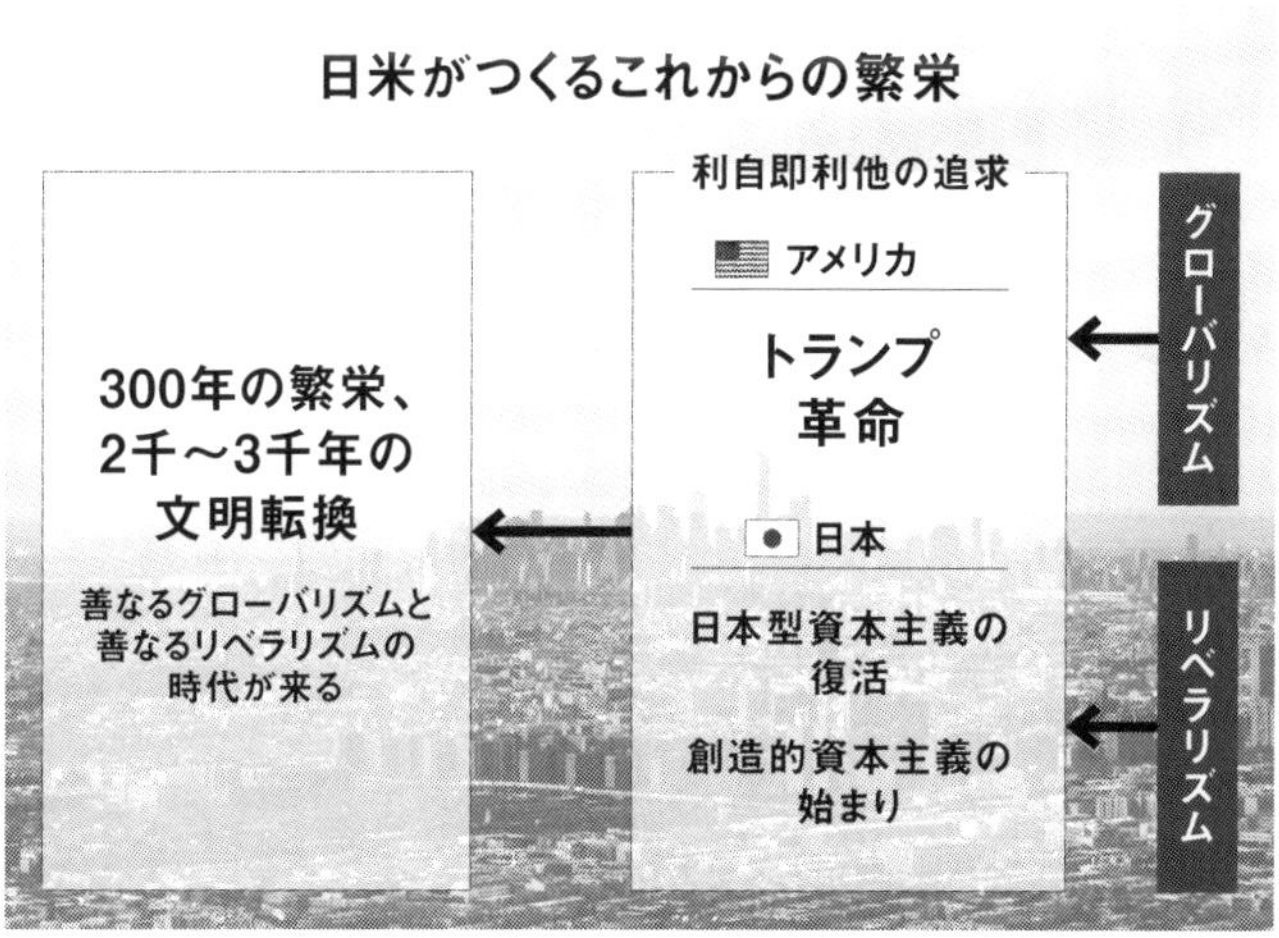

もっと長いスパンで捉えなければならない。

智慧と慈悲の時代は、分かりやすく言えば、「二宮尊徳のように、自身が学び取った智慧を他の人にも分け与え、豊かになる人をたくさん生み出していこう」という時代だ。大川総裁は『復活の法』で、現代は神々、仏教的には菩薩・如来と言われるような人が出るチャンスの時代だと指摘している。

「いろいろと、この世の人生修行をし、教育を受け、経験を積み、職業に就くことによって、確かに、昔なら神と言えるぐらいの見識を持った人が数多く出現するチャンスが、いま出てきています。『この転生輪廻のシステム自体が、あるいは、この世という社会自体が、神々を作る機械になっている』と言われたならば、そのとおりなのです」

智慧と慈悲の時代は、ユダヤ教やキリスト教のような一神教は少しずつ影響力を失っていくのかもしれない。「神だけが偉大で、人間は神に救いを求めるしかない」という考え方をとっているからだ。

新時代の世界宗教は、「人間は努力次第で神仏に近づき、自らを救うことができる」という考え方をとり、利自即利他の精神を基調とする現代的仏教だろう。また、今までにないものをつくる「創造の法」を説く先進的宗教でもある。

これまで数千年とかかってユダヤ教やキリスト教が世界に広がってきたわけだが、現在はこれから2千～3千年単位の新しい文明が立ち上がってくる出発点にあるととらえるべきだろう。

新しい世界宗教が立ち上がってきている日本の役割は、とてつもなく大きい。「トランプ革命」を超える革命が日本に起ころうとしている。

第2章のポイント

1

アメリカや日本の衰退の原因はグローバリズムにあった。

2

リベラリズムは「お金持ち」を、グローバリズムは「国家」を〝生贄〟にしてきた。

3

長期的に人や企業を育てる「日本型資本主義」を世界に広めることで、「生贄型」グローバリズムをなきものにできる。

【主な参考文献】

大川隆法著『繁栄への決断』（幸福の科学出版）
綾織次郎著『ＧＤＰを１５００兆円にする方法』（幸福の科学出版）
大川隆法著『理想国家日本の条件』（幸福の科学出版）
アダム・スミス著『国富論』（日本経済新聞社）
藤井厳喜著『国家の逆襲』（祥伝社）
大川隆法著『自由を守る国へ』（幸福の科学出版）
大貫章著『二宮尊徳の生涯と業績』（幻冬舎ルネッサンス）
大川隆法著『政治の理想について』（幸福の科学出版）
大川隆法著『朝の来ない夜はない』（幸福の科学出版）
坂中英徳著『日本型移民国家の創造』（東信堂）
大川隆法著『資本主義の未来』（幸福の科学出版）
大川隆法著『信仰告白の時代』（幸福の科学出版）

Part Ⅱ
トランプ時代を先取りする日本の防衛戦略

第３章

日本がアジアの平和と自由を守る

——トランプ政権は「自立」を求める

トランプ大統領は、「自分の国は自分で守る」ことを求める

2017年からのトランプ大統領の時代は、日本の外交・防衛が大きく転換する時代となるだろう。

「日本が攻撃されれば、アメリカは直ちに助けに行かなければなりません。しかし、アメリカが攻撃を受けても、日本はアメリカを助ける必要はありません。それが公平な協定なのでしょうか?」

(If Japan gets attacked, we have to go to their aid immediately. If we get attacked, Japan doesn't have to help us. That's a fair deal?)

トランプ氏は大統領選中、日米安全保障条約は不公平だと主張した。

さらには、日本を含むアジア太平洋地域にアメリカ軍が展開し、駐留することにも消極的姿勢を示した。

「(米軍の駐留に)利益があるとは思いません。……アメリカはかつての立場と

は違います。以前は非常に強く豊かな国でした。しかし今は貧しい国になりました。私たちは債務国です」

(Personally I don't think so......I think that we are not in the position that we used to be. I think we were a very powerful, very wealthy country. And we're a poor country now. We're a debtor nation.)

トランプ氏は日本やその他の同盟国に対し、対等なパートナーとして「自分の国は自分で守る」ことを求めている。

それを今後どの程度強く要求するかはまだ分からない。2017年2月の初めての日米首脳会談でトランプ氏は、日本に対する安全保障面での要求をひとまず〝封印〟した。しかし、トランプ氏の任期の4年、さらには再任の4年という期間を考えれば、結局は、日本はアメリカに依存する防衛体制を根本的に変革しなければならなくなるだろう。

幸福の科学の大川隆法総裁は2016年2月の講演会「世界を導く力」で、日本は正当防衛として核装備をしなければならない段階まで来ていると訴えた（『世界を導く日本の正義』所収）。「国防強化」だけならまだしも「核装備」まで主張する宗教は世界でも珍しい。

なぜ宗教が核装備を含めたさまざまな国防強化を主張しなければならないのか。その背景には、日本やアジアの平和が日に日に脅かされ、手の打ちようがない状況に至っているという現実がある。パートⅡでは、アメリカ任せにしない日本の防衛体制について考えていきたい。

中国は2050年に米国をしのぐ戦略を持っている

北朝鮮は2016年、度重なるミサイル発射実験や過去5回の核実験によって、日本やアメリカを脅かす核ミサイルを手にしたとされる。2017年に入ってからも、ミサイル発射を繰り返し、さらに技術開発を再加速させている。

すでに多くの核ミサイルを配備している中国は、南シナ海に侵出。２０１５年には同海の埋め立て地にレーダーや対空ミサイル、爆撃機を配備し、世界のタンカーの半分が通る同海域を軍事力で脅かしている。

中国は、建国１００周年に当たる２０４９年にはアメリカをしのぐ超大国になることを目指しているとされる。その象徴が、中国の海軍戦略だ。

１９８２年に策定された中国海軍の長期海洋戦略や専門家の分析によれば、中国は次のような長期プランを一つひとつ着実に実行している。

中国は何を目指しているのか?

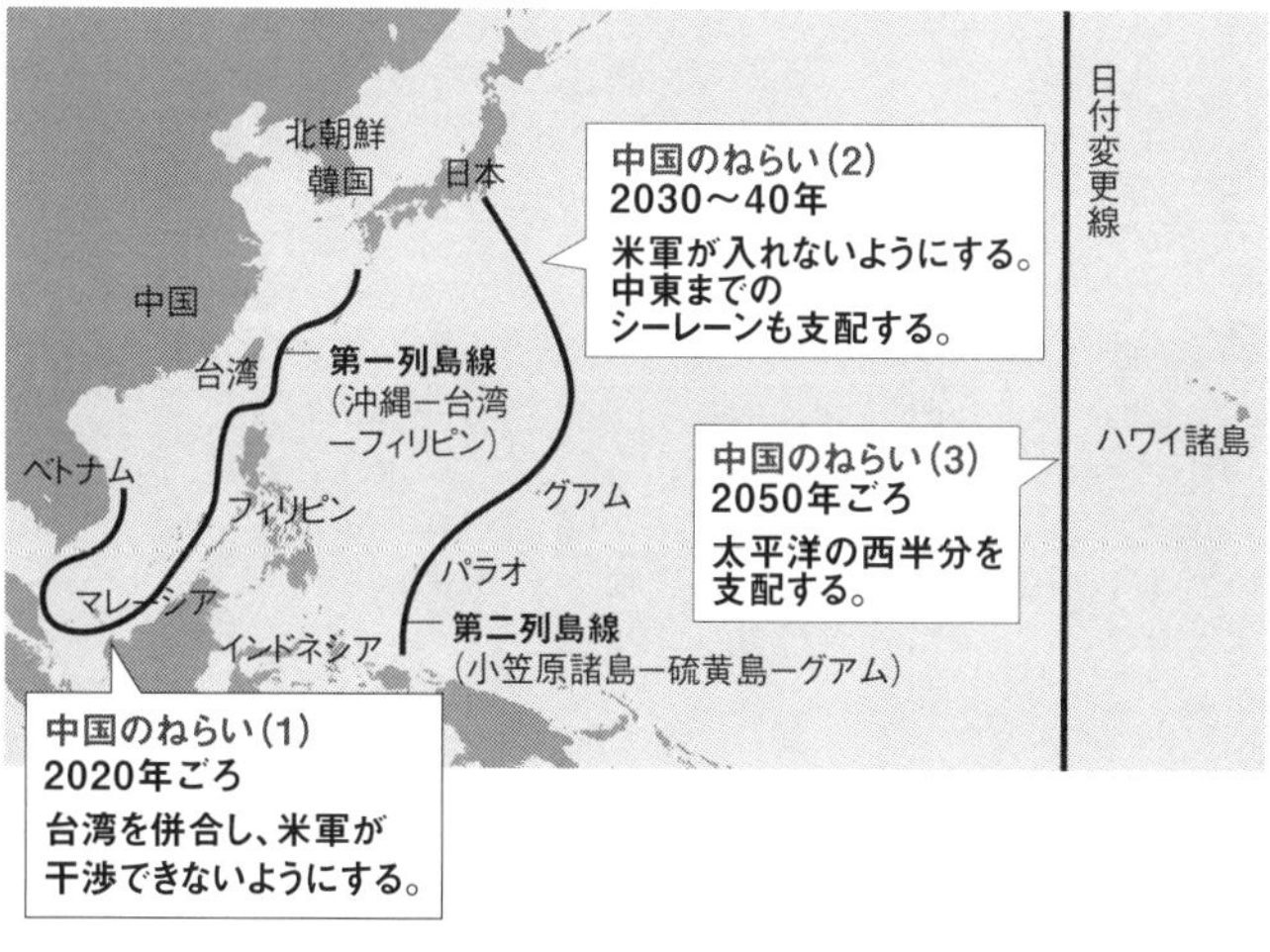

①２０２０年ごろに台湾を併合し、２０２１年の中国共産党創立１００周年を迎える。

中国は「核で攻撃する」と威嚇して、米空母などによる介入を阻止し、台湾を交渉のテーブルに着かせて併合を認めさせようと計画している。もし台湾併合が実現すれば、日本列島、台湾、フィリピンを結ぶ「第一列島線」の西側にある東シナ海、南シナ海は米軍が干渉できなくなる。

②２０３０～40年には、空母を6隻運用する体制を確立。小笠原諸島、硫黄島、グアムを結ぶ「第二列島線」の西側の海域についても米軍が干渉できないようにする。中東までのシーレーン（海上交通路）も支配する。

③２０５０年ごろには、米軍をハワイまで後退させ、太平洋の西半分の支配権を握る。この時期までに、日本を中国の領土あるいは自治区にする。

北朝鮮に関して言うと、核ミサイルを保有して「金王朝」の体制維持を図っているという見方が一般的だ。一方で、「核ミサイルでアメリカを脅して介入できないようにし、朝鮮半島統一の機会をうかがっている」と分析する専門家もいる。その際、実際に核兵器を使う可能性も指摘されている。

中東では、シリアや「イスラム国」で内戦と欧米による攻撃が続いているが、アジアではアメリカと中国など大国同士の大戦争の危機が迫っているわけだ。

「憲法9条信仰」に縛られる半主権国家・日本

こうした切迫した国際情勢にもかかわらず、日本はいまだに「憲法9条信仰」に縛られている。

先の大戦では何百万人という犠牲者が出た。その悲惨さを前にして思考停止し

日本国憲法 第9条

1. 日本国民は、正義と秩序を基調とする国際平和を誠実に希求し、国権の発動たる戦争と、武力による威嚇又は武力の行使は、国際紛争を解決する手段としては、永久にこれを放棄する。
2. 前項の目的を達するため、陸海空軍その他の戦力は、これを保持しない。国の交戦権は、これを認めない。

てしまい、「戦争放棄をうたった憲法9条さえ守っていれば、とにかく戦争や国防について一切考えなければ、自然に平和がやって来る」という「信仰」ができてしまっている。「自分の地上での命を生き長らえさせるためなら、他国に侵略されても構わない」という極端な思想だが、「平和主義」として日本国民の意識に深く浸透している。

憲法9条は占領時代にアメリカが「日本が再びアメリカの脅威にならないため」に押しつけたものだ。アメリカ政府は対日初期方針として、日本が二度と立ち向かって来ないように武器をすべて取り上げる「刀狩り」を徹底的に行う姿勢をもって臨んだ。

それを具体的に実行したのが連合国軍総司令部（GHQ）のマッカーサー最高司令官で、そのメモにははっきりこう書かれていた。

「国の主権的権利としての戦争は、廃止する。

連合国軍総司令部の
マッカーサー最高司令官

日本は、紛争を解決するための手段としての戦争、および自己の安全を保持するための手段としてさえも戦争を放棄する。日本は、その防衛と保護を、いまや世界を動かしつつある崇高な理想に委ねる。いかなる日本の陸海空軍も、決して認められず、またいかなる交戦権も、日本軍隊に対して決して与えられない」

この指令通りに、日本は「国を守る」という最も大切な主権を放棄させられた。少なくとも主権を制限され、「半主権国家」となった。その憲法9条に多くの日本人が「信仰」を立て、「国教」のように扱っている。

マッカーサーは早々と「戦争放棄」指令を撤回

ところが、そのマッカーサー本人は、GHQの同僚に対してこう語っていたという。

「どんなによい憲法でも、日本人の胸もとに銃剣を突きつけて受諾させた憲法は、銃剣がその場にとどまっている間だけしかもたないというのが私の確信だ」

「占領軍が撤退し、日本人の思い通りになる状況が生まれたとたん、彼らは押しつけられた諸観念から独立し、自己を主張したいという目的だけのためにも、無理強いされた憲法を捨て去ろうとするだろう。これほど確かなことはない」（江藤淳著『一九四六年憲法　その拘束』より）

これによると、マッカーサーは、自身が日本から去る時が、日本国民が憲法9条を改正するタイミングだと考えていたことになる。

また、マッカーサーは自身が去る前の1950年6月に朝鮮戦争が起こると、憲法9条を改正すべきだと考えるようになる。朝鮮戦争のさなかの1951年1月の年頭メッセージで、彼はこんな声明を出した。

「日本の憲法は国政の手段としての戦争を放棄している。この概念は、近代の世界が知るにいたった最高の理想ではないにしても、最高の理想の一つを代表している」

「しかしながら、仮に国際社会の無法状態が、平和を脅かし、人々の生命に支配を及ぼそうとし続けるならば、この理想があまりにも当然な自己保存の法則に道を譲らなければならないことは言うまでもない」

つまり、国家が生存を図るのは当然だという主張だ。マッカーサーは自ら出した「戦争放棄」「軍隊不保持」の指令を全面的に撤回したのだった。

それに先立って、アメリカ政府からは、すでに憲法９条を改正するよう要請されていた。朝鮮戦争が始まる直前、米国務省顧問のジョン・フォード・ダレスは日本政府に再軍備を要請し、「憲法９条があって再軍備できないなら、改正すればいい」と述べた。

ところが、それを受けた吉田茂首相（当時）は、経済の立て直しのため再軍備の資金負担に耐えられないとして拒否。こうしてタイミングを逃し、憲法改正はなされないまま、信じがたいことに戦後70年を迎えてしまった。

「憲法9条信仰」の応援団となったソ連と中国

憲法9条はソ連と中国の支援を受けた日本の左翼勢力に固く「信仰」されてきた。しかし、占領時代に遡れば、もともと日本共産党など左翼勢力は、「アメリカによる憲法の押しつけはよくない」として憲法9条に大反対していた。

ところが、日本共産党も日本社会党も、朝鮮戦争で米ソ冷戦構造が明確になると、ソ連の側に立って9条を擁護し、「再軍備反対」を訴えるようになった。再軍備した日本がアメリカに味方し、ソ連の不利になることを怖れたからだ。後に明らかになるが、両党とも秘密裏にソ連から巨額の資金援助を受けており、ソ連が有利になるような活動をしていた。いわば刑法の「外患罪」に相当することをしていた。

象徴的なのは、戦後長く最大野党だった社会党が掲げた「非武装中立論」だろう。1980年代、石橋政嗣《まさし》書記長（当時）は著書『非武装中立論』を著し、「強盗に押し入られたとき（中略）抵抗は死を招く危険の方が強い」と書いた。

「他国の軍隊に攻められたら、無抵抗で降伏したほうが平和を守れる」ということの主張は、「奴隷の平和」と呼ぶべきものだろう。それを恥ずかしげもなく中心的な政策として掲げていたのは、ソ連の言い分をそのまま代弁することが日本社会党のアイデンティティーだったためだ。

やがてソ連が崩壊すると、「憲法9条信仰」の熱心な応援団は、ソ連から中国に代わった。中国は、建国の父である毛沢東の時代から、アメリカを超える超大国となることを目指しており、その野心から見れば、「国を守る主権を放棄した日本」ほどありがたいものはない。

習近平政権でも、日本の憲法改正や日米安保の強化に反対し、歴史問題などで日本に揺さぶりをかけている。近年世論を動かしている安保法制や原発への反対運動には、ソ連時代以上に中国共産党の工作が働いていると考えるべきだろう。

このように日本国民の「憲法9条信仰」は、アメリカ、ソ連、中国など周辺国それぞれの世界戦略の中でつくり上げられてきたものだ。

日本の平和主義が「奴隷の平和」を呼ぶ

太平洋とアジアを呑みこんでいく中国。無抵抗で降伏する「9条信仰」を守り続ける日本――。

このままでは、今の香港のように、北京政府が自らに不利な情報を発信した出版関係者を次々と拘束し、「自由」を弾圧するという未来が日本を待ち受けている。共産党が支配する中国は、神仏を信じない無神論・唯物論の国であるため、言論の自由ばかりか信教の自由も徹底的に弾圧され、人間の尊厳が失われていくことになる。

実際、先述したように、中国共産党には、2050年ごろまでに日本を占領するプランがある。それが現実化すれば、あらゆる自由が死んだ「悪に屈服した平和」「奴隷の平和」がやって来る。「憲法9条信仰」に基づく平和主義は、かつてユダヤ人がナチスの強制収容所に入れられたのと同じような事態を招くということだ。

もちろん、中国や北朝鮮が核兵器で日本を襲うことも考えられる。大川総裁は先述の法話「世界を導く力」で、北朝鮮が水爆を日本に対して使い、1千万人から3千万人の犠牲者が出る危険性について警告した。

「かつての広島の人たちや、かつての長崎の人たちのように、『ある日突然、ミサイルないし爆弾が落ちてきて、一千万人単位の人がこの日本からいなくなる』ということになったら、宗教にとっては大変なことです。私が供養しても間に合いません。とてもではないけれども、数が多すぎます」

（『世界を導く日本の正義』所収）

原爆や水爆が日本に対して使用されれば、「奴隷」どころの話ではない。「善を推し進め、悪を押しとどめる」というのが仏教の基本精神だ。宗教として、大きな不幸を生む「悪」を見過ごすことはできないからこそ、幸福の科学は核装備を含む国防強化を訴えているのだ。中国や北朝鮮にこれ以上「悪」を犯させてはならない。

自由で幸福な国を守る軍事力は「善」

日本やアジアの人々が「奴隷」になっていく運命を転換させるために、大川総裁は先の法話「世界を導く力」で、日本人として、第1に「思想・言論戦」、第2に「外交上の努力」、第3に「国防上の努力」が大切だと説いた。

思想・言論戦としては、「国民が自由で幸福に生活している国を守る軍事力は善である」という啓蒙が必要だろう。「奴隷の平和」をもたらす中国や北朝鮮による侵略や支配は悪だということを明確にしておかねばならない。

特に「日本は守るに値する国である」ことを腑に落とすには、歴史認識が重要になってくる。教育やメディアの影響で、かつての敵国も日本人自身も「日本は侵略戦争をした悪い国だった」と考えている。しかし実際には、日本の大東亜戦争は、欧米がアジア人を「奴隷」にした植民地支配を打ち破った戦いだった（拙著『「奇跡」の日本近代史』参照）。

アメリカ大統領リンカンが、１８６０年代に黒人奴隷を解放するために国を二分する内戦を戦ったのとまったく同じ理念だと言っていいだろう。

日本人自身が誇りを取り戻すべきであるし、外国には簡単には理解されないだろうが、アメリカにも反省を促したいものだ。それが最終的に、日本の完全な主権の回復につながる。

アメリカ軍は中国軍に対していったん退く

２番目の外交努力について大川総裁は、「日米同盟の強化」を最優先に挙げた。

世界最強の軍事大国と同盟を結ぶことは、どの国も本気で攻めてこられないことを意味するからだ。

問題は、アメリカが本気で戦うかどうかが疑わしくなっていることだ。

アメリカ軍の中には、中国の軍拡を前に直接的な対決を避ける考え方が強くなっている。例えば、中国軍が開発した対艦弾道ミサイル（ＤＦ21＝東風21号）に対し、アメリカ海軍が退こうとしている。マッハ10で飛んでくる対艦ミサイルが米空母や大型艦に命中する可能性が高まっているからだ。中国は台湾有事で米艦船に対して雨あられとミサイルを降らせ、蜂の巣状態にする計画を持っており、それを防ぐのは簡単なことではない。

アメリカ海軍のシンクタンク幹部は日本の自衛隊ＯＢに対し、「台湾などで中国と戦争になった場合、米空母はいったんグアムやハワイまで撤退する」と述べている。「まずは日本や台湾だけで1カ月ぐらいは持ちこたえてくれ。後から加勢するから」という作戦なのだという。

しかも、1カ月後に米空母が再び来援したとしても、空母から無人機を飛ばして攻撃する程度のことしかしないのだという。B－2戦略爆撃機を飛ばして超高高度から中国の港湾施設を攻撃して経済封鎖する計画もあるというが、基本的に、中国軍の攻撃が届かない安全地帯から攻める〝腰が引けた〟戦い方をするというわけだ。

当然、尖閣諸島をめぐって日本と中国が軍事衝突した程度では、アメリカ軍が日本を助ける可能性は低いと考えておくべきだろう。

アメリカは台湾有事に介入できない？

また、第4章でも触れるが、中国の核ミサイ

横須賀を母港とする米空母ロナルド・レーガン。
しかし、台湾有事では、いったん退却するという。

ルによる脅しに、アメリカが屈してしまう可能性も高い。現時点で中国軍はアメリカの主要都市を核で攻撃できる態勢を整えており、台湾や日本を守るためにアメリカが中国と核ミサイルを撃ち合うリスクを冒すとは考えにくい。アメリカが台湾有事などへの介入を思いとどまる事態も想定しておかなければならない。

日本の外交・防衛関係者にもあまり知られていない話だが、在日米軍は日本本土を防衛するためというより、韓国や台湾、東南アジア各国を防衛するために存在している。「日本を守るのはあくまで自衛隊であり米軍ではない」というスタンスだ。それを確認したアメリカ政府の内部方針が近年、さまざまな形で報道されている。

例えばこの方針は、ブッシュ政権で国務副長官を務めたリチャード・アーミテージ氏の言葉にも表れている。

「日本の自衛隊と在日米軍はいつも日本防衛だけに関わっているわけではありません。日米同盟体制は日本国内にある基地施設を使って、合衆国がアジア全域を守る能力を与えてくれているのです。だからこそ日米同盟は我々にとって極めて重要なのです」（『日米同盟 vs. 中国・北朝鮮』より）

米軍はアジア全域を守るのであって、必ずしも日本を守るのではないということが日米同盟の基本であるならば、アメリカが台湾有事で空母を後退させたり、中国の核の脅しに屈したりしても何ら不思議はないだろう。

アジアの海を共同で守る体制をつくる

中国は2020年ごろに台湾を併合し、第一列島線からアメリカ軍を追い出そうと計画している。それに対して、アメリカ軍は〝腰の引けた〟戦い方を想定している。これは軍が綿密に立てている作戦プランなので、トランプ政権になっても、そう大きくは変わらないだろう。ならば、まずは日本や台湾など第一列島線上の国々が連帯して戦い、いったん後退したアメリカ軍が再び来援するまで耐え忍ぶしかない。

日本は、台湾やフィリピン、ベトナムなどと利害が一致している。どの国も南シナ海から中東にいたるシーレーンを自由に航行できることが生存と繁栄の基盤になっているからだ。中国が第一列島線の内側を支配すれば、各国とも〝自分の家の玄関口〟を自由に行き来することができなくなってしまう。中国の〝お許し〟をもらえる範囲で、石油やその他の物資の輸出入をするしかなくなる。つまり、中国の属国になるということだ。

日本は、これらの国々と実質的な同盟か、それに近い関係を結ぶしかないだろう。中東に石油輸入の90％を依存している日本の国家戦略として、シーレーンの安全を守ることは極めて優先順位が高い。まずは共同してアジアの海を守る体制をつくる必要がある。

特に台湾とは、実質的な日台同盟となる「台湾関係法」を定めるべきだろう。そうすれば、台湾に日本製の潜水艦などを売ることができ、中台間の軍事バランスを回復することができる。日本が台湾を国家承認するところまでいけば、緊密に協力する防衛態勢を堂々と築くことができる。

軍事的に周辺国を呑《の》み込み、自由を奪っていく中国への対抗を考えたときに、民主主義国同士の同盟や連携が重要となる。フィリピン、インドネシア、タイ、オーストラリア、インド、スリランカなどをまとめるリーダーは、国力から見て日本しかない。

中国包囲網という観点からすれば、インドのほか、軍事大国・核大国であるロシアも味方に引き入れておきたい。

台湾有事、南西諸島有事はこう展開する

「日本やアジアの人々が『奴隷』になっていく運命を転換させるために必要なこと」として述べた、3番目の「国防上の努力」について考えてみたい。

それを考えるにあたっては、中国が台湾を軍事的に攻めてくる場合、具体的にどう仕掛けてくるかを見通しておく必要がある。先にも述べたが、台湾有事と日本の南西諸島有事は同時に起こると想定しておくべきだ。アメリカ軍基地が復活したフィリピンも攻撃対象に含まれる可能性が高い。

時系列で見ると、台湾有事は以下の4段階で進んでいくとされている。

①機雷などで台湾の港を海上封鎖したうえ、ミサイルで威嚇する。台湾の主要な港の近くで軍事演習やミサイル発射訓練を行い、海上封鎖をより効果あるものとする。

②台湾のインフラにサイバー攻撃を行い、台湾国民の恐怖心をあおる。人民解放軍の特殊部隊による破壊工作も始まる。秘密裏で限定的な作戦で、見えにくい戦いとなる。

③台湾の軍事拠点を福建省などに配備された短距離弾道ミサイルで攻撃する。核弾頭搭載の弾道ミサイルDF－15（東風15号）による脅しは、台湾の指導層や

軍の戦闘意欲をそぐには十分な効果がある。また、在日アメリカ軍、自衛隊基地をミサイル攻撃することもあり得る。中国東北部（旧満州）に配備された弾道ミサイルは100基以上、巡航ミサイルは1千基以上で、大量のミサイルの雨が降ることになる。

④最終的に大規模な上陸作戦を敢行し、台湾を占領する。台湾軍の守備隊を破って上陸し、台湾の重要拠点を占拠する。事態がここに至れば、アメリカ軍も介入せざるを得ないが、それでも地上部隊を出すことはないと見られる。

中国軍は日本の南西諸島にも上陸し、主要な空港を占有する。その際には、大量の漁船に民兵や特殊部隊を乗せて押し寄せることになり、自衛隊もすぐには対処できないだろう。いくつかの空港を押さえられれば、太平洋側にまで中国の制空権と制海権を広げることができる。

日本の対抗策　①海上封鎖　②サイバー防衛

中国は早い時期に台湾を屈服させることを狙っている。①の段階で台湾に降伏させることが理想だ。

逆に台湾や日本にしてみれば、中国の威嚇と攻撃に耐えつつ、東シナ海での航空優勢と海上優勢を確保できるかどうかだ。つまり、可能な限り、中国本土の沿岸部に近いところで中国軍を封じ込め、台湾や南西諸島にたどり着かないようにすることが基本となる。

では、具体的に日本や台湾はどう対抗すればいいだろうか。①の段階から対抗策を考えてみる。

①中国海軍の艦艇や潜水艦が大陸沿岸部の基地から出港できないように機雷封鎖したり、海自潜水艦で攻撃したりする。軍港だけではなく主要な貿易港も封鎖し、石油資源などの〝兵糧攻め〟を行う。台湾に日本の潜水艦を売り、共同して

対処する。

中国の潜水艦に対しては、日米の潜水艦部隊は圧倒的な優位にあるため、米軍は潜水艦については後退をせず、東シナ海などに展開させると考えられる。

②サイバー戦においては、防衛も報復もできる態勢を整えておかなければならない。

アメリカは、空母などをいったん撤退させる一方で、サイバー空間と宇宙空間で中国軍に対抗するとされている。

中国は1980年代から「宇宙軍」を構想し、一歩一歩具体化してきた。2007年には、地上から弾道ミサイルを発射し、気象衛星を破壊して、人工衛星を破壊できる能力を獲得した。宇宙ステーションの建設を進めており、ここからレーザー兵器でアメリカの偵察衛星を破壊することを目指している。

サイバー戦で中国は、米軍の〝目〟にあたる偵察衛星や〝神経〟にあたるネットワークを破壊し、陸海空軍や海兵隊が身動きができない状態に追い込もうとしている。

もちろんアメリカ軍は対抗策をとっており、中国の衛星や地上レーダーを破壊したり、サイバー攻撃を仕掛けたりする。この「宇宙戦争」と「サイバー戦争」でアメリカが圧倒すれば、その後の中国によるミサイル攻撃や上陸作戦を阻止できる。

この部分はアメリカ頼みになっているので、日本は少なくともサイバー部隊の有事体制は整えておくべきだろう。

日本の対抗策 ③中国のミサイル攻撃を抑止する

③中国にミサイルを撃たせないため、中国本土に届く中距離巡航ミサイル（射程2千～3千キロ）をアメリカから買い、海自艦艇・潜水艦に配備する。また、日本各地に分散配備し、中国が簡単に叩けないようにする。

北京や平壌の中枢部に撃てる態勢をとることで、中国にミサイル攻撃を思いとどまらせることができる。「台湾や日本をミサイル攻撃すれば、自分の執務室が狙い撃ちされる」と理解させることが大切だ。

巡航ミサイルは低空を飛ぶので、弾道ミサイル以上に迎撃が難しい。また、弾道ミサイルに比べて安いコストで生産でき、メンテナンスも容易だという。日本独自での開発も急ぎたい。

アメリカの民間シンクタンク「プロジェクト2049研究所」は2011

③

①

④
ベトナム
④
フィリピン
④
マレーシア
インドネシア
シーレーン
⑤

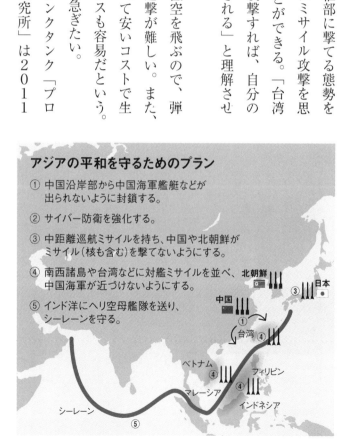

アジアの平和を守るためのプラン
① 中国沿岸部から中国海軍艦艇などが出られないように封鎖する。
② サイバー防衛を強化する。
③ 中距離巡航ミサイルを持ち、中国や北朝鮮がミサイル（核も含む）を撃てないようにする。
④ 南西諸島や台湾などに対艦ミサイルを並べ、中国海軍が近づけないようにする。
⑤ インド洋にヘリ空母艦隊を送り、シーレーンを守る。
北朝鮮

年、日本が中国に対抗して中距離ミサイルを持つべきだとする政策提言を発表している。

「中国は日本を攻撃できる中距離ミサイルを配備して脅威を高めているが、日本側がもし中国のミサイル攻撃を受けた場合、同種のミサイルで即時に中国の要衝を攻撃できる能力を保持すれば、中国への効果的な抑止力になる」

朝鮮半島有事でも同様で、北朝鮮が日本に向けてミサイルを撃とうとしたら、これらの中距離巡航ミサイルが抑止力となる。

抑止力としての核装備

中国や北朝鮮が持つ核ミサイルについても抑

中国のミサイルへの抑止力として巡航ミサイルの保有は必須。

止力が必要だ。

原子力潜水艦を持ち、核ミサイルを搭載し、小笠原諸島あたりの太平洋からいつでも報復できるようにする。米英仏露中の国連常任理事国は、最終報復兵器として核ミサイルを載せた原潜を運用しているが、それと同じレベルの抑止力を持つということだ。アメリカなどから核兵器をレンタルする方法もあるし、日本独自に核を持つパターンもある（日本の核装備の進め方については第4章で詳しく述べる）。

防空ミサイル態勢としては、レーザー兵器などを開発し、中国軍によるミサイル攻撃に対する守りを固めるべきだろう。

また、21カ所ある沖縄の空港を航空自衛隊や米軍が使えるようにし、東シナ海の「航空優勢」を確保する。中国は南西諸島の各空港へのミサイル攻撃を仕掛けてくるので、全滅を避けなければならない。

日本の対抗策　④南西諸島への「接近阻止」

④台湾や南西諸島に上陸させない。そのために陸上自衛隊の「12式地対艦ミサイル」（射程200キロ）を沖縄本島のほか、宮古島、石垣島、与那国島などに配備し、中国海軍の艦艇を近づけないようにする。中国の対艦弾道ミサイルDF－21の日本版をつくり、中国艦艇の「接近阻止」を実現する。

さらにこの対艦ミサイルを、台湾、フィリピン、ベトナム、インドネシア、シンガポール、タイなどにも売り、各国が中国海軍を撃退できるようにする。

日本の幕末期には、欧米列強のアジア侵略に対して、東京湾や神戸、函館などに砲台を設置した。それが東京の「お台場」の地名として今も残っている。150年経って、中国の侵略を防ぐための「現代のお台場」が日本や台湾、東南アジアには必要になっている。

南西諸島の主要な島に陸自の警備部隊を増強し、空港やミサイル部隊を守る。

加えて、海兵隊機能を持つ陸自「西部方面普通科連隊」を中心とし、ひゅうが型護衛艦などのヘリ空母（空母型護衛艦）で各島をパトロールする。

以上、台湾有事において中国が仕掛けてくる4段階に対して、日本としてどう対処すべきかを述べた。

インド洋にヘリ空母を出す

さらに、シーレーンをアメリカ軍やインド軍と協力して守るべきことも付け加えたい。

中東から日本へ石油を運んでくるタンカーは、すべてインド洋を通ってくる。

「12式地対艦ミサイル」を南西諸島に配備する必要がある。

そこをアメリカ軍やインド海軍が警備しているわけだが、そこに日本も参加すべきだ。具体的には、ヘリ空母艦隊をインド洋に派遣する。これは、ヘリ空母を中心に、イージス艦、対潜護衛艦、そうりゅう型潜水艦、対潜哨戒機などを組み合わせたものだ。

大川総裁は法話「世界を導く力」で、こう指摘した。

海上自衛隊のヘリ空母「ひゅうが」。米軍とともにシーレーンを守るパトロール活動に投入したい。
提供:U.S. Navy/アフロ

「今、日本は、空母型の護衛艦も持っています。これは、『いずも』という、全長が二百四十八メートルもある、戦艦大和に近い大きさの護衛艦です（戦艦大和は全長二百六十三メートル）。護衛艦といっても、実際上はヘリコプター空母です。今のところ、ヘリコプターぐらいしか搭載できず、垂直離着陸

機以外のジェット機は搭載できませんが、改造すれば、そういうものも載せることができると言われています。ただ、『護衛艦』と言わずに、きちんと、通常の機能を持った空母もつくったらよいと思います」

（『世界を導く日本の正義』所収）

アラビア海から南シナ海までを守るアメリカ軍は負担が重くなっており、それをサポートすることは、日米同盟をより一層強固なものとする。アジアの海の平和のために空母を持つということは十分あり得ることだ。

あるいは、引退した米空母を日本が買い、運用するという方法もある。かつて横須賀を母港として活躍し、２００９年に退役した空母キティホークを買い、垂直離発着機（Ｆ－35Ｂ）やオスプレイ、輸送ヘリなどを載せてインド洋を行き来すれば大きなプレゼンスになる。

半島有事に対しては、日本独自でも備える

さらに加えて、朝鮮半島有事となった場合、北朝鮮を体制崩壊させる道筋も想定しておく必要がある。

アメリカが金正恩体制を倒すと決断したら、アメリカ軍は韓国軍と連携し、第七艦隊からの大規模な空爆と圧倒的な陸上戦力の投入を行うことになる。狙いは北朝鮮の軍事拠点や政治拠点だ。

金正恩・朝鮮労働党委員長は金剛山あたりの山中に逃げ込むと予想されるが、その場合、アメリカ軍が地中深くを攻撃できる特殊爆弾でピンポイント攻撃し、排除することになるだろう。

この間、北朝鮮は核ミサイルで日本を脅したり、実際に攻撃したりすると想定されるため、それを抑止するために、日本が先述の中距離巡航ミサイルを保有することがやはり不可欠となる。

日米韓の結束と、各国指導者の強い決断があれば、民主化した南北統一朝鮮を実現することができる。

ただ、同盟国により大きな防衛負担を求めるトランプ大統領の方針を踏まえるならば、これだけでは足りない。

大川総裁は著書『繁栄への決断』で、日本独自で北朝鮮の軍事的脅威の封じ込めができるレベルの防衛力を持つべきだという考えを示している。そのためには、この後述べる憲法9条改正もしくは9条の適用除外、さらには自衛隊法などの関連法の見直し、韓国との作戦計画の策定、独自の空爆能力や陸上戦力も必要となる。

10年で100兆円規模の防衛投資を

これだけの「防衛インフラ」を整えるには、莫大な資金が必要だが、大川総裁が提案しているように、超低金利で他に運用先が乏しい時代であるため、10年で

100兆円ぐらいは国内外で集められるだろう。現在の日本の防衛費は年間5兆円弱なので、防衛費が3倍増になる計算だ。

また、大川総裁は防衛省が「防衛債」を発行し、独自に資金調達すればよいと提言している。その際、無利子・相続非課税とすることも一案だ。

アジアの平和を維持する目的だから、円建てで外債を発行し、日本国内からだけでなく、海外からも広く資金を集められるだろう。100兆円のうち3割ぐらいは外債になっても構わない。

同時に、台湾やフィリピン、ベトナム、インドネシア、シンガポール、タイ、オーストラリアなどに対して資金を貸し出し、日本製の艦艇や潜水艦、対艦ミサイルなどを買ってもらうことも重要になる。

アジア全体としての国防強化によって、景気浮揚の効果も大きくなるだろう。

憲法9条を改正し、国を守る主権を取り戻す

本来ならば一刻も早く憲法9条を改正し、「国を守る主権」を取り戻すべきだ。日本の自衛隊は憲法9条があるため、「自衛のための必要最低限度の実力」と位置づけられ、「軍隊」とは認められてこなかった。そのため、多くの制約が自衛隊を縛っており、有事対応に支障をきたしている。

1950年の朝鮮戦争以上の危機が起きようとしているのであり、マッカーサーが当時語ったように、「無理強いされた憲法を捨て去る」べきだろう。今こそ、マッカーサーによる「戦争放棄」「軍隊不保持」の指令をなきものとするタイミングだ。日本は主権の一部を放棄した「半主権国家」を脱し、自分たちの国の運命を自分たちで決められるようにしなければならない。

また、大川総裁は、「いざとなったら、中国や北朝鮮を憲法9条の適用から外すべきだ」と提案している。つまり、憲法前文には「平和を愛する諸国民の公正と信義に信頼して、われらの安全と生存を保持しようと決意した」とあるため、中国や北朝鮮が「平和を愛する諸国民」であるとは言えない場合、9条の適用を両国に対しては拒否できるということだ。

南シナ海や東シナ海で領土拡張欲をむき出しにし、核ミサイルの照準を日本に向ける中国、国民に対する恐怖支配を敷きながら核ミサイルを造り続ける北朝鮮は、もはや「平和を愛する国」ではない。いざという時に、即座に対応できるのがこの「憲法9条の適用除外」だ。重要な選択肢としていつでも行使できるようにしておくべきだろう。

一方で、本章で示したさまざまな防衛策は、もし9条改正が間に合っていなくても、「国を守る」という国家指導者の肚《はら》と気概によって進めることができるものだ。現時点の日本政府の憲法解釈であっても、核装備も敵地攻撃能力を持つことも認めている。まさに国家指導者の決断次第だ。

「奴隷の平和」を阻止し、「自由の下の平和」を実現する

今のままでは、日本だけではなくアジアの国々も、中国や北朝鮮の支配により「奴隷の平和」への道を歩むことになる。

大川総裁は、英語説法を集めた著書『Power to the Future』で、こう述べている。

「一方、悪い国があって、その国の政府や当局が、人々を抑圧したり、人々が抗議することを許さなかったり、『言論の自由』『出版の自由』『信教の自由』『良心の自由』を持つことを許さなかったりするのであれば、そのような国は、神や仏から祝福されていません」

人間の尊厳が守られていない中国13億人、北朝鮮2千万人の人たちが、神仏の子としての人生を生きられるようにすることが、本章で示した国防強化の最終的な目的だ。2020年代には、思想信条によって人々が不幸な目に遭わない中国と朝鮮半島の新たな体制を実現したいものである。

トランプ時代に起こることを先取りし、日本として外交・防衛プランを立てるとこうなる。これらを実行するとなると、10年以上かかるだろう。トランプ氏が具体的に求めてくる前に、日本の側からできるだけ早く着手したいものだ。

こうしたプランを国民に説得し、実現する政治勢力が求められている。

第3章のポイント

1

日本は憲法9条信仰に縛られていて、半主権国家のまま。日本の平和主義が「奴隷の平和」を呼び込む危険がある。

2

日本は台湾有事に備え、海上封鎖、サイバー防衛の強化、中距離巡航ミサイルの保有、中国艦艇の南西諸島への「接近阻止」といった対抗策を講じる必要がある。

3

日本にはアジアで「自由の下の平和」を実現させる責任がある。

【主な参考文献】

平松茂雄著『実践・私の中国分析』（幸福の科学出版）
江藤淳著『一九四六年憲法　その拘束』（文藝春秋）
大川隆法著『世界を導く日本の正義』（幸福の科学出版）
リチャード・アーミテージほか著『日米同盟 vs. 中国・北朝鮮』（文藝春秋）
伊藤貫著『自滅するアメリカ帝国』（文藝春秋）
北村淳著『巡航ミサイル1000億円で中国も北朝鮮も怖くない』（講談社）
大川隆法著『Power to the Future』（幸福の科学出版）

第4章

中国・北朝鮮の「核」を止める

——日本が核装備する日

中国・北朝鮮の核兵器に囲まれている日本

トランプ大統領は大統領選中、米ニューヨーク・タイムズ紙のインタビューに対し、日本の核保有を認める発言を行った。

「日本が（北朝鮮の）核の脅威にさらされるなら、それ（日本の核保有）がアメリカにとって悪いこととは思いません」

(If Japan had that nuclear threat, I'm not sure that would be a bad thing for us.)

当選後、これらの発言を撤回し、2017年2月のワシントンでの首脳会談で、「核および通常戦力の双方によって、日本の防衛にあらゆる種類の軍事力を使う」という共同声明を出した。ただ、「自分の国は自分で守るべきだ」というスタンスのトランプ氏にとって、「アメリカが持つ核兵器で、なぜ日本を守らないといけないのか」というのが本音だろう。

トランプ氏が言うように、日本に対する核の脅威は年々高まっており、日本ほど無防備な状態で核兵器に囲まれている国はない。

北朝鮮による核実験は過去5回行われている（2017年3月10日時点）。すでに核爆弾の小型化に成功し、東京に届く「ノドン・ミサイル」（射程約1500キロメートル）に搭載できるまでになった。

アメリカ本土に届く大陸間弾道弾「テポドン2改良型」（射程最大1万3千キロメートル）にも搭載可能だとアメリカ軍は分析している。米軍基地のあるグアムに届くミサイルもあり、これにも搭載できる。

2020年には、20発から100発の核爆弾を製造できるところまできているという。北朝鮮が自ら宣言したように、もう立派な「核大国」だ。北朝鮮はアメリカを核兵器で脅すことができるようになった。

この結果、アメリカはもはや北朝鮮に手出しできなくなりつつある。口では「北朝鮮を核保有国として認めない」と言いつつ、中途半端な経済制裁でお茶を濁すしかない。

アメリカの「核の傘」はもうない

北朝鮮は中国の核ミサイル開発の後を追いかけてきたが、その中国はといえば、国民生活を顧みず、資源や財源をそこへ集中投下してきた。その結果、中国はアメリカに並ぶ「核超大国」へと成長した。

日本に向けた中距離の弾道ミサイルや巡航ミサイルは３００基以上。核弾頭が積まれ、日本の主要都市に照準が定められている。アメリカ本土に届く核ミサイルは、米国防総省の情報機関ＤＩＡ（アメリカ国防情報局）の報告だと、50基前後だという。探知が難しい原子力潜水艦発射型の核ミサイル（巨浪２）も大きな脅威だ。

アメリカとしてみれば、北朝鮮以上に中国と事を構えることは難しい。中国や北朝鮮の核兵器に対して、日本はアメリカの「核の傘」で守られているということになっているが、第1章で述べたように、それもすでに怪しくなっている。「核の傘」とは、中国などが日本に核ミサイルを発射したらアメリカが核ミサイルで反撃する、あるいは、中国が核で威嚇をしてきた際、アメリカも威嚇し返すということだ。しかし、自国の主要都市に何十発も核爆弾を撃ち込まれる危険を冒してまで、アメリカが日本の安全を守るというのは考えにくい。

一般的な核戦略理論では、世界一の核大国であるアメリカに対抗するために、対等に近い数の核兵器を持たねばならないかというと、そんなことはない。アメリカの約7千発の核弾頭に対し、北朝鮮がわずか数十発だったとしても、十分にアメリカをけん制し、威嚇することができる。アメリカの大統領や政治家たちは、「たとえ1発であっても自国に撃ち込まれるのは嫌だ」と考えているからだ。

実際、米中国交回復の道を開き、米中の橋渡し役を務めてきたキッシンジャー元米国務長官は冷戦時代、論文にはっきりこう書いている。

「同盟国が核攻撃されたからという理由で、アメリカがソ連と核戦争するような馬鹿げた自殺行為をするわけがない」

中国、北朝鮮の核兵器に対して日本を守る「核の傘」はもうない、と考えて備えをしなければならない。

日本はアメリカからミサイル防衛システムを何兆円もかけて買わされている。しかし、一度に何十発と撃たれたら、その時点で対処できなくなってしまう。その費用を別の防衛手段の研究・開発にかけるべきだろう。

日本は世界で最も滅ぼされるリスクの高い国

● 日本は世界で最も「滅ぼされるリスク」が高い

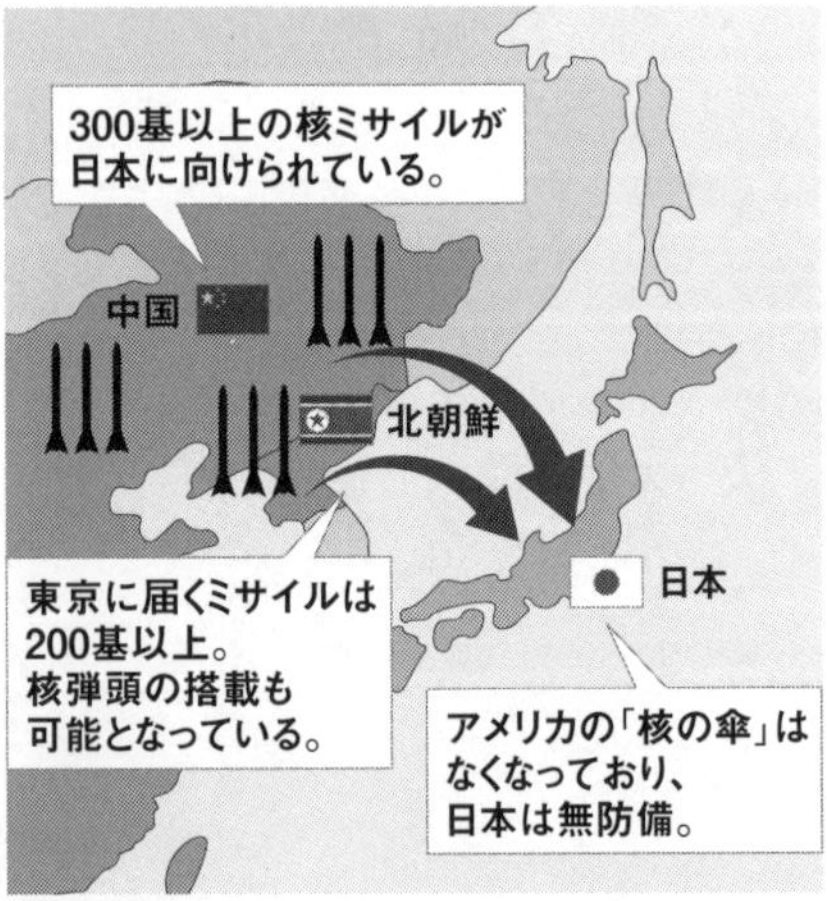
300基以上の核ミサイルが日本に向けられている。
中国
北朝鮮
日本
東京に届くミサイルは200基以上。核弾頭の搭載も可能となっている。
アメリカの「核の傘」はなくなっており、日本は無防備。

核ミサイルで壊滅させられるリスクが高い国ということでは、中東のイランが日本の置かれた地政学的条件に近い。イスラエルがイランを最大の仮想敵国とし、核ミサイルの照準を合わせているとされるからだ。

イスラエルの核兵器に対してイランはこれまで〝丸裸〟だった。しかし、2015年のアメリカとの合意で核開発の能力を温存することができた。いざとなれば、イランは約1年で核爆弾を作ることができるという。

これに対し、日本はまったくの無防備だ。先の大戦末期には多くの戦闘機が落とされるなど防空能力を失い、結果的に2発の核爆弾を落とされたわけだが、その状態に近づいていこうとしている。日本は世界で滅ぼされる可能性の最も高い

イランも「滅ぼされるリスク」は高いが……

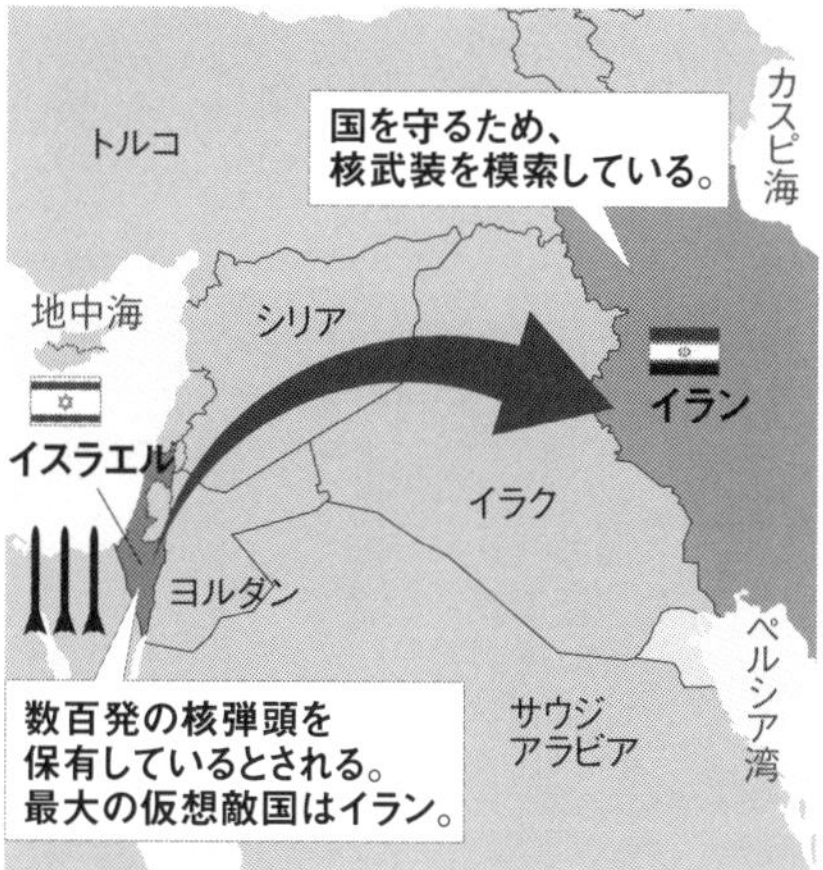
カスピ海
国を守るため、
核武装を模索している。
トルコ
地中海
シリア
イラン
イスラエル
イラク
ヨルダン
ペルシア湾
サウジ
アラビア
数百発の核弾頭を
保有しているとされる。
最大の仮想敵国はイラン。

国と言っていいのではないだろうか。

しかも中国や北朝鮮の場合、核は単なる脅しではなく、実際に使用することを現実的な選択肢としており、日本の「世界一のリスク」はさらに何倍にも跳ね上がる。米ハドソン研究所首席研究員の日高義樹氏は、ザ・リバティ誌の取材に対してこう指摘している。

「中国は核兵器を自分たちの不法行動を押し通すための強力な兵器だと考えている」

「北朝鮮が韓国に勝とうとしたら、核兵器を使う以外にない」

中国が核を使うケースとしては、台湾を武力統一する際、アメリカに軍事介入させないように核攻撃をちらつかせて脅すことがまず考えられる。威嚇で止まればいいが、中国は太平洋上空や宇宙空間で核を爆発させて、アメリカ軍の通信ネットワークを破壊することも計画しているという。

中国の核戦略をつくった建国の父・毛沢東は「中国の人口の半分が死んでも

何年か経てばもっと多くなる」と述べており、核戦争も辞さないスタンスだった。この発言は１９５７年、ソ連の当時の最高指導者フルシチョフに伝えたものだ。

近年の中国軍の幹部も同様の発言をしている。国防大学の朱成虎《しゅせいこ》少将は２００５年、「西安以東すべての都市が破壊されることを覚悟している」「アメリカも西海岸の２００以上の都市が破壊されることを覚悟しなければならない」と語った。「いざとなれば核を使う」という毛沢東戦略は今も受け継がれている。

第３章で述べた通り、アメリカの対中国戦略は大きく変化し、「台湾有事になれば米軍はいったん逃げて、様子を見ながら戦場に近づいていく」、あるいは「もう戦場には近づかずに、安全な場所から遠巻きに戦う」という作戦を考えている。アメリカ軍がじりじりと後退しているのだ。

そうだとすれば、対北朝鮮でもアメリカの基本スタンスは変わらないだろう。北朝鮮は米空母を攻撃できる対艦ミサイルを持っているわけではないが、在日米軍基地やグアムの米軍基地は攻撃でき、危険であることに変わりはない。米軍の

「腰の引けた戦い方」は、朝鮮半島有事でも同様だと考えておいたほうがよい。

このままでは、日本人は中国や北朝鮮に屈服し、「奴隷」となってしまう。日本が「滅びるリスク」はますます高まっている。

第3章でも述べたが、幸福の科学の大川隆法総裁は2016年2月、講演会「世界を導く力」で、「**宗教家の意見としてはやや限度を超えている**」としながら、中国や北朝鮮に核兵器を使わせないために、日本として核装備を進めるべきだとの考えを初めて明らかにした（『世界を導く日本の正義』所収）。

「**私は『これ（核装備）を、正当防衛の範囲内で準備しないと、もう間に合わないところにきている』と考えています**」

「**核装備をし、正当防衛的に国を護れるような準備をしないと、場合によっては千万人単位で人が殺される可能性がありますし、そういう脅迫に屈し、戦わずして植民地になる危険もあるのです**」

核兵器についての善悪は？

核兵器について、宗教的にはどう考えればいいのだろうか。一般的には、宗教は「反核」を訴えることが多い。幸福の科学も基本的には「反核」の立場ではある。

大川総裁は著書『愛、悟り、そして地球』で、「**原則として、核兵器を持つべきではないし、使うべきでもない**」という考えを示している。核戦争で大量の人が亡くなると、あの世への旅立ちやその後の生まれ変わりに大きな支障が出るためだ。

一方で、宗教的に「悪」である核兵器によって、当面の平和がつくり出されているという逆説があ

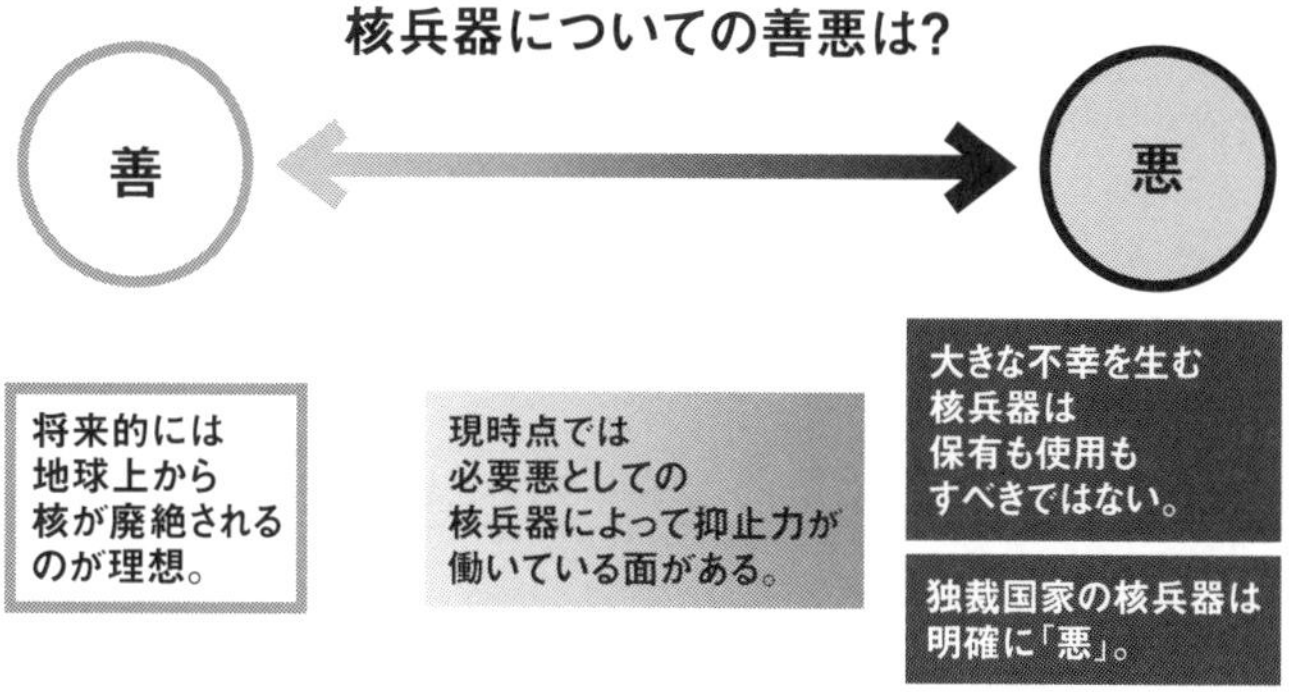
核兵器についての善悪は?
善
悪
将来的には
地球上から
核が廃絶される
のが理想。
現時点では
必要悪としての
核兵器によって抑止力が
働いている面がある。
大きな不幸を生む
核兵器は
保有も使用も
すべきではない。
独裁国家の核兵器は
明確に「悪」。

る。冷戦時代、核兵器を持った米ソの直接的な戦争は起こらなかった。一定のコントロールがされていれば、核兵器が平和をつくり出すことがある（ただ、東アジアではこの核のバランスが著しく崩れている）。世界の人々にとっては、それが「核による平和」だとしても、大戦争が起こるよりははるかに望ましいだろう。

大川総裁は著書『国を守る宗教の力』で、こう指摘している。

「『軍隊や核兵器は、それがアメリカのものであろうと、ロシアのものであろうと、中国のものであろうと、どれも悪である』という考えもあるかもしれません。しかし、『人類の共通遺産としての智慧』には、『正義』というものがあるので、軍隊や核兵器についても、やはり、『国際的に正義と認められるかどうか』ということが検討されるべきです」

人類は智慧でもって平和を維持しながら、長期的に核廃絶を目指していかなければならないということだ。

「善悪とは何か」を学び取り、「正義」を打ち立てる

問題は、独裁国家が核兵器を持つ場合だ。民主主義国家のように国民や国際世論のチェックが効かないため、それは明確な「悪」である。権力者一人の判断で、核のボタンが押されてしまう危険性がある。中国、北朝鮮で起きようとしているのはそれだ。

「いつでも核を使う」と考える国が間近に2つもあり、両国とも日本に対する憎悪をあおっている。中国はかつてチベットやウイグルを侵略し、同じ国民となった人たちを虐殺してきた。今や、その矛先が日本に向かってこようとしている。日本はまるで悪魔に呪われているかのようだ。

大川総裁は悪魔の存在に関して質疑応答でこう述べている（ザ・リバティ

2016年3月号「未来への羅針盤」)。

「人間に、『「善悪とは何か」を学び取れ。感じ取れ』ということを教えているのだと思うのです」

「悪人が出てきたように見えたり、自分を妨害したりするように出てくることもあるし、積極的な魔というものがあるようにも見えます。けれども、これもまた、人類に大いなる反省を起こさせたり、自分たちの文化レベルや哲学等をもう一回反省させたり、宗教観の弱さを反省させるための力でもあるのです」

中国や北朝鮮の核の脅威から「善悪とは何か」を学び取り、「善」つまり「正義」を打ち立てることが日本人にいま求められていることなのだろう。さもなければ、「悪魔の支配」が実現し、日本の国の未来は消滅してしまう。

「正義」とは、中国と北朝鮮に「核の使用」という「悪」を犯させないこと。そして長期的には、核兵器という「悪」を取り去ることだ。

日本にとって頼みのはずのアメリカが「日本は自力で戦ってくれ」という戦略を出している以上、日本は自力でも国を守れる戦略を立てていくしかない。

日本としての核抑止・核廃絶プラン

以下は、大川総裁の冒頭の提言を受けた、日本として中国と北朝鮮の核から国民を守る「核抑止・核廃絶プラン」だ。

①中国と北朝鮮に届くミサイルを持つ（通常兵器）

まずは、日本に何の反撃手段もないという状態を脱する必要がある。中国も北朝鮮も、いくらでも核ミサイルを日本に撃ち込むことができる。その脅威への対抗手段として、例えば、潜水艦から中国や北朝鮮に向けて飛ばせる弾道ミサイルや巡航ミサイルを持ち、潜水艦の数も増やす。

核兵器を持つ以前に、通常兵器で日本が中国、北朝鮮のミサイル基地や首都中枢に対して反撃する能力を持つということだ。中国、北朝鮮が核ミサイルを撃とうとしても、日本に反撃の手段があるならば大きな抑止力になり、その行動に歯止めがかかる。

いわゆる「敵基地攻撃能力」を持つということだが、これ自体、憲法9条に反するものではなく、自衛権として認められている。1956年に鳩山一郎内閣で以下の見解を出している。

「例えば、誘導弾等による攻撃を防御するのに、他の手段がないと認められる限り、誘導弾等の基地をたたくことは、法理的には自衛の範囲に含まれ、可能である」

②ドイツやイギリスのようにアメリカと核を共有する

次は、実際に「核を持つ」という選択肢だ。

その場合、アメリカの核兵器を共有する「核シェアリング」が最もスムーズだ。それには、ドイツなどのNATO型とイギリス型がある。

NATO型は、ドイツ、オランダ、イタリア、ベルギーが対象で、平時にはアメリカの管理下で核兵器が配備され、有事にはアメリカの許可で使用できる。冷戦時代の1980年代初め、ソ連の核ミサイル（SS20）に対するアメリカの「核の傘」を信用しなかったドイツなどがアメリカと交渉し、核兵器（パーシングⅡ）の欧州への配備を実現させた。日本は、ソ連のSS20と変わらない規模と威力の核ミサイルに狙われているのだから、欧州各国と同じ行動をとらなければならない。

一方、イギリスの場合、アメリカと潜水艦発射型の核ミサイルを共有している。

ＮＡＴＯ型は発射するのにアメリカの許可が要るが、イギリス型は核のボタンも共有している。そのためイギリスは、核戦略がアメリカと常に一致するよう努力しているという。日米同盟の強化を進めながら核を持つというスタイルは、日本の一つの目標になる。

アメリカが圧倒的な軍事大国であることは間違いない。オバマ政権の下で世界から後退したとはいえ、トランプ政権で「世界の警察官」としてまた復活してくるだろう。日本はやはり日米同盟を基盤にして中国や北朝鮮の核兵器に対抗することを最優先すべきだろう。

③日本として独自の核を持つ

さらに踏み込んで日本独自の核兵器を持つとなったら、かなりハードルは高くなる。同盟国のアメリカが伝統的に「日本には核を持たせない」という政策を採っているからだ。

トランプ大統領は選挙中、日本の核武装を容認する考えを示したが、その発言を撤回し、いったんこれまでのアメリカの外交方針に歩み寄った。

ただ、こうしたアメリカ政府のスタンスのために「国が滅びるリスク」が世界一高くなってしまっている。日本政府として、国民の安全を守る義務を果たすためにアメリカを説得すべき時期がもう来ている。

フランスのド・ゴール大統領（在任１９５９～69年）は、「核を持たない国は、核保有国にもてあそばれる状態になる」とアメリカのケネディ大統領を説き伏せ、独自で潜水艦発射型の核ミサイルを持った。

その際、ケネディ大統領に対し、「ソ連がパリを攻撃してきたら、アメリカはソ連と核戦争をしてくれるのか」と問い詰め、押し切

アメリカに対しフランスの核保有を認めさせたド・ゴール大統領。

ったという。1961年のことだ。ケネディは後に、「パリが破壊されたからといって、ニューヨークがソ連の核攻撃で破壊されるリスクを取ると思うか」と語っており、フランスに対して「核の傘」を提供するつもりがなかったことが明らかになっている。

近年ではインドがフランスと同じことを実現した。インドは1970年代から核実験を行い、国際的な非難を浴びていたが、アメリカを説得し、2007年、核保有国の地位を認めさせた。

アメリカは、米英仏露中の国連常任理事国以外の核保有を認めない立場をとり、その意志を核不拡散条約（NPT）の形で世界に通用させてきた。インドはこのNPTの枠外での核保有を押し通したのだった。

NPTが掲げる「核不拡散」はさも〝国際正義〟であるかのように見える。ただ、この条約は米英仏露中5カ国の「核軍縮」をうたっているのだが、どの国も堂々と違反している。特に中国は核兵器を大量に増産しており、重大な「NPT違反国」だ。一方で、核を持たない日本はNPTのルールを真面目に守ってきた〝優等生〟。核を持つことになっても、アメリカにとって「安心できる平和的な核保有国」になるだろう。

明治期以上の「不平等条約」の克服

アメリカの「日本には核を持たせない」というこれまでの方針は、日本が自力で国民を守れないということであり、「日本を独立国家としては認めない」ということに近い。明治時代には関税自主権（注1）がなかったり、領事裁判権（注2）を認めさせられたりしたが、それ以上の「不平等条約」を強いられている。

これを打破するには、日本の首相はアメリカ大統領に、「2つの軍事独裁国家の核兵器に脅される中で、アメリカだったら核を持たずに国民を守ることができるのか」と直談判するしかない。自国なら絶対やらないことを日本に押しつけるダブル・スタンダードは明らかに〝不道徳〟だ。最後にアメリカを説得するのは、「国民の生命と安全を何としても守る」という政治家としての気概だろう。そして、トランプ大統領は、この気概に応える可能性があるのではないだろうか。

日本の防衛を固めることがアジア全体の安定と繁栄にもつながり、アメリカの利益にもなる。「日本が核抑止力を持てなければ、アジアは完全に中国の勢力圏に落ちてしまうぞ」と主張していくべきだ。明治期において、圧倒的な文明格差がある欧米に対し、条約改正を認めさせていった時以上の交渉力と胆力が求められる。

先にイランは1年間ほどで核爆弾を作ることができる能力を温存していると述べたが、日本も「いざとなれば数カ月で核爆弾を持てる」というあたりで〝寸止め〟にしておくという方法もある。「核保有国にはならないが、これ以上、中国や北朝鮮が日本の安全を脅かすならば、核保有に踏み込むしかない」とけん制し続けるというスタンスだ。そうした戦略性も必要だろう。

（注1） 貿易の際の関税を自由に決められる権利。
（注2） 在留外国人が起こした事件について、事件が起きた国の裁判官がその国の法律に基づいて裁判するのではなく、その外国人の本国の法律に基づいて本国の領事が裁判する権利。

インドとの同盟、ロシアとの協商を一気に進める

日本の核保有についてアメリカを説得し得た場合でも、核弾頭だけでなくミサイルや潜水艦も含め、機能する核抑止体制をつくるには10年から15年はかかるとされる。

中国は1956年に核開発を決断し、10年で核実験に成功。約25年でアメリカに届く弾道ミサイルが完成。約30年で潜水艦から核ミサイルを発射できるようになった。日本の技術レベルからすれば、中国ほど時間はかからないだろうが、長い道のりになることは間違いない。

同時に、いくつかの条約や法律、政策判断を変える手続きも必要になる。

NPTは脱退することになる。こう言うと、2003年の北朝鮮のような無謀な行動というイメージがあるが、NPTは「自国の至高の利益を危うくしていると認める場合」には脱退する権利があると定めている。日本は「国が滅ぶ危機」にあるわけだから、逆に正当な権利として行使しないほうがおかしい状態だ。

これはインドと同じ立場に立つということでもある。インドはNPTに入らないまま、アメリカと原子力協定を結び、核保有国として国際的に承認された。これと同じ形で今ある日米原子力協定の改定を目指すのだ。

当然、「核兵器を持たず、作らず、持ち込ませず」の非核三原則の見直しも必要になる。これは法律ではなく政治的な宣言なので、まさに宣

米印原子力協定を結び、インドはアメリカに核保有を認めさせた。

言するだけで緩和・撤廃の手続きは完了となる。

日本がフランスやインドのように核保有国となる場合、インドとの同盟やロシアとの協商が一気に具体化するだろう。インドは「中国がパキスタンをけしかけて攻撃してこようとしている」と考えているので、日本が核を持てばインドは真っ先に同盟を持ちかけてくると予想される。インドと核・ミサイル技術で密接に協力することもあるだろう。インドは2007年の米印原子力協定で、アメリカと実質的な「準同盟」を結んでいるので、アメリカに気兼ねする必要もない。

また、ロシアは今も余った核兵器の処分に対して日本が資金援助しているぐらいであり、日本がロシアの核を買うことは十分あり得る。同盟までいくと、アメリカとの関係に支障が出るので、協商の形で幅広い連携を模索することになりそうだ。

唯一の被爆国として核を持つ権利がある

中国や北朝鮮が核開発や核兵器の増産をエスカレートさせるならば、日本としては①〜③のステップを「一つひとつ進むしかないですよ」という駆け引きをすることになる。「いざとなればミサイル開発、核開発をやっていきます」と宣言するだけでも大きな抑止力になる。

その際、国際的な非難も起こるだろう。特に当事者の中国と北朝鮮は猛反発するだろう。自分たちの持つ核兵器のパワーが相殺されていくことになるのだから当然だ。

日本としては、「日本は世界で唯一、原爆による市民虐殺を経験した。今、3回目の原爆投下の危機が迫っている。それを回避するために核を持つ権利がある」と主張し、一歩一歩圧力をかけていくしかない。

日本政府は憲法解釈上、1957年の岸信介内閣での国会答弁などで、自衛権の範囲で核兵器を持つことは可能だとしている。安倍首相も2006年に同様の答弁をしている。

「純法理的な問題として申し上げれば、我が国が自衛のための必要最小限度の実力を保持することは憲法第９条によっても禁止されているわけではなく、たとえ核兵器であっても、仮にそのような限度にとどまるものがあるとすれば、それを保有することは必ずしも憲法の禁止するところではないと従来から解してきている」

憲法９条の改正論議が高まってきているが、憲法改正以前に中国と北朝鮮の核兵器に対し、打てる手がたくさんある。その一つひとつのステップを、中国と北朝鮮の核兵器を最終的に根絶することにつなげるのが理想だ。

④中国、北朝鮮との軍備削減交渉を行う

では、その「核廃絶プラン」のほうはどうなるだろうか。

日本として核抑止力を持つことで、初めて中国や北朝鮮との軍備削減交渉を始める条件が整う。そもそも、核保有国は非保有国の言うことなど聞かないからだ。日本が核を保有していればこそ「中国、北朝鮮が核を増やしていくなら、我が国も増やさざるを得ません。そちらが核を全廃するならば、日本もなくしましょう」と交渉することができる。目標には、核弾頭のみではなく、弾道ミサイルや巡航ミサイルの削減も当然含まれる。この方式を米露など他の核保有国にも広げ、世界的な「核の刀狩り」を目指したい。

その際に、核兵器の保有や使用についての倫理基準がどうしても必要になってくる。核の廃絶が神仏の理想にかなう善であるということをはっきりさせるためには、核を実際に使用し、現在も最大の保有国の一つであるアメリカが「間違い

であった」と認めるプロセスが必要になる。

大川総裁の著書『公開霊言　カントなら現代の難問にどんな答えをだすのか?』で、カントの霊は核廃絶への道のりについてこう述べている。

「できれば、本当は、『先の大東亜戦争によって、日本は植民地解放戦争をやったんだ』という史観が受け入れられると同時に、アメリカが、沖縄戦のみならず、広島、長崎に必要のない原爆を落としたことについて、『人類に対して初めての罪を犯した』と認めることから始まらないかぎり、核兵器はなくならないでしょう」

アメリカは日本に対する核兵器の使用によって一般市民を大量虐殺したことを正当化するために、占領下の東京裁判で「南京大虐殺」をつくり出し、韓国が主張する「従軍慰安婦の強制連行や奴隷化」に同調している。「核の刀狩り」を実現するためには、特にアメリカによる歴史認識の見直しが欠かせない。

⑤核兵器を無力化する技術を開発する

「核の刀狩り」を現実のものにするためには、核兵器を無力化するような新技術の開発がカギを握る。

例えば、超強力なレーザー兵器によって宇宙空間や上空から攻撃すれば、核兵器を無力化したり、消滅させたりすることができるという。アメリカのレーガン政権時代には「スターウォーズ計画」として、こうしたレーザー兵器の開発が進められており、技術的には完成に近づいているとされる。

あるいは、理論的には、巨大な加速器で強力なニュートリノ・ビームをつくり出して照射することで、核爆弾の「未熟爆発」を起こすことができるのだという。つまり、世界の核兵器が次々と使いものにならなくなるということだ。問題は、膨大なエネルギー量を必要とすること。だから、現時点では机上の計算に過ぎないが、追求すべき方向性の一つではある。

これらの画期的な技術によって核兵器を無意味なものにできたならば、今の時点ではあり得ない中国や北朝鮮との軍備削減交渉や、その先の米英仏露も含めた「核の刀狩り」の実現性が増してくる。

⑥最終的に中国、北朝鮮の体制を民主化する

これらのステップを一つひとつ進んでい

中国、北朝鮮に対する「核抑止・核廃絶プラン」

① 通常兵器で中距離ミサイルを持つ
② アメリカと核を共有する
③ 独自の核を持つ選択も
④ 中朝との軍備削減交渉を行う
⑤ 中朝の軍事独裁体制を取り除く
⑥ 最終的に中国、北朝鮮の体制を民主化する

ったとしても、中国、北朝鮮が核軍拡路線を捨てない可能性も高い。その場合は、どこかの時点で国際社会は両国の軍事独裁体制そのものを倒す決断をしなければならない。

やはり、何百万人もの人たちが裁判も受けずに収容所に放り込まれている中国や、2千万人以上の国民がほとんど囚人扱いされている北朝鮮の現状は、世界正義として放置し続けていいものではない。中国、北朝鮮には、人間が豊かな人生を生きていくうえで最も大切な、信教の自由、思想・信条の自由、言論の自由がない。

先に述べたように、日本人が「善悪とは何か」を考え、正義を打ち立てることが求められている。しかし、このことは、日本だけではなく、中国や北朝鮮の人々もより幸福な人生を歩めるようになることを意味する。

大川総裁はザ・リバティ2012年8月号「未来への羅針盤」でこう述べている。

「私たちは中国の人々を自由にしなければなりません。北朝鮮の人々も自由にしなければなりません。彼らもまた、神に愛される権利があり、神の子として尊重される権利があり、幸福になる権利があるのです。私は彼らに、それを教えたいだけなのです。

私には何の憎しみもありません。あるのは世界への愛、自由と繁栄への愛のみです。中国や北朝鮮の人々には神を信じる権利があります」

本章で述べた「核抑止・核廃絶プラン」は、戦後日本の常識からすればかなりの強硬論ではあるが、これは中国や北朝鮮を憎んでいるために提案しているのではない。両国民に真の自由や幸福を享受してもらいたいと願っているからだ。

この後のパートⅢおよびパートⅣでは、日本が自国やアジアの安全を守るだけではなく、積極的に世界の平和と繁栄に対してリーダーシップを発揮していく道筋を考えていきたい。

トランプ大統領は年を追うごとに日本に対し、より大きな国際的な役割を果たすよう求めるだろう。リーダー国家・日本の未来を明確に描くべき時が来ている。

第4章のポイント

1 アメリカによる「核の傘」はないものと考えておかなければならない。

2 中国・北朝鮮に核の使用という「悪」を犯させず、長期的には核という「悪」を取り去ることに「正義」がある。

3 「核抑止・核廃絶プラン」として、中距離ミサイルの保有、アメリカとの核シェアリング、独自の核の保有、中国との軍備削減交渉、核を無力化する技術の開発などを段階的に進める必要がある。

【主な参考文献】

日高義樹著『「核の戦国時代」が始まる』（PHP研究所）
大川隆法著『世界を導く日本の正義』（幸福の科学出版）
大川隆法著『愛、悟り、そして地球』（幸福の科学出版）
大川隆法著『国を守る宗教の力』（幸福の科学出版）
中西輝政編著『「日本核武装」の論点』（PHP研究所）
日下公人・伊藤貫著『自主防衛を急げ！』（フォレスト出版）
大川隆法著『公開霊言　カントなら現代の難問にどんな答えをだすのか？』（幸福の科学出版）
HS政経塾第1期生・彦川太志氏論文「核抑止力を中心とした自主防衛力構築の研究」

PartⅢ

日本から始まる
新世界秩序《ニューワールドオーダー》

第5章

「世界の警察官」アメリカは復活するか

——米国に頼る時代の終わり

後退し続けるアメリカの覇権

オバマ前大統領は、トランプ大統領の〝生みの親〟とも言える。

オバマ氏は、「アメリカらしさ」を否定した初めての米大統領だった。それに対して、トランプ氏が立ち上がり、「アメリカを再び偉大な国にする」と訴え、圧倒的な劣勢から大統領選を勝ち抜いた。

トランプ氏が今までのアメリカではあり得ない、時代を画する大統領だとするならば、オバマ氏も同じく時代を画する大統領だったということになるだろう。

オバマ氏は2013年9月、シリア内戦への軍事介入の見送りを表明した演説で、「アメリカは世界の警察官ではない」と宣言した。トランプ氏も同様の発言を大統領選中にしているが、巨額の財政赤字を前提に「アメリカはもう世界の警察官にはなれない」と語っている。つまり、トランプ氏は「世界の警察官」は難しいと述べたが、オバマ氏はその理念自体を否定していた。

確かに、オバマ氏は、外国への武力介入を徹底してなくそうとしていた。イラクの米軍は引き揚げ、アフガン駐留米軍も完全撤退させると公言していた（結局、部隊の駐留は延長）。

幸福の科学の大川隆法総裁は、オバマ氏が大統領に就任する前の２００８年11月、同氏の守護霊の霊言を収録。その中で守護霊はすでに「アメリカは世界の警察になるべきではありません」と述べ、地上に生きる本人と同じセリフを語っていた。守護霊は潜在意識の中にある「本心」であり、オバマ氏はその導き通りに行動していたことになる。

このことは一つの象徴だが、オバマ氏の〝指導力〟によってアメリカは政治・軍事・経済などあらゆる面で退潮期に入っていった。トランプ大統領はアメリカを「偉大な国」として復活させてくるだろうが、以前のようにアメリカが

バラク・オバマ前大統領。
Frederic Legrand - COMEO / Shutterstock.com

世界を「一極支配」することにはならず、アメリカの覇権はじわじわと後退していくだろう。日本はそれをどう補っていくかを考えなければならない。

そのためにも、アメリカが覇権をつくり上げてきた歴史を振り返ってみたい。

「神が与えた使命」をウィルソンが宣言

アメリカの「世界の警察官」としての役割は、第一次大戦時のウッドロウ・ウィルソン、第二次大戦時のフランクリン・ルーズベルトの両大統領によって確立した。

アメリカ建国の父たちは、「建国の理念である、個人の自由や民主主義の価値観を世界に広める使命が神から与えられている」と確信していた。アメリカ独立宣言を起草し、第3代大統領となったトーマス・ジェファーソンは、「アメリカは人類すべてのために行動している」と語った。これが、アメリカ人が強く意識する

「例外主義」「特別さ」（exceptionalism）の出発点だ。

しかし、アメリカが世界有数の大国となるまでは、その例外主義は「孤立主義」（isolationism）という形で表れた。アメリカの理想を実現するためにも、権謀術数にまみれたヨーロッパの外交や紛争とは一線を画して外国の干渉を排し、〝純粋性〟を保たなければならなかったのだ。初代大統領ジョージ・ワシントンは、辞任にあたって発表した文書でこう語っている。

「なぜ自立を捨て、他国に依存しなければならない？　ヨーロッパの一部と同盟を結び、私たちの運命を他国に委ねることによって、私たちの平和と繁栄がヨーロッパの野心や競争、利得、気まぐれ、急変に巻き込まれなければならないのか？」

ワシントンは、「外国に干渉しないし、干渉されもしない」という孤立主義を定式化した。こ

ジョージ・ワシントン
初代大統領。

れが建国の父たちの「遺言」であり、アメリカ外交の根幹だった。

ところが、第一次大戦時の第28代大統領ウィルソンは「アメリカの理想を世界に広げるために、海外の紛争に積極的に関与しなければならない」と、論理を180度逆転させたのだ。これを実行しようとするならば、アメリカは世界のあらゆる紛争に介入しなければならなくなる。

第一次大戦後のパリ講和会議でウィルソンは、世界政府に近い国際連盟を提案し、「偉大な民主主義世界を築くことは、神が私に与えた使命である以上、私には選択の余地はない。ただ神の意志に従うのみだ」とうたい上げた。

ウィルソンは牧師の息子で、暇さえあれば聖書をひもとくタイプ。講和会議に同席したフランスのクレマンソー首相は、ウィルソンが提案した14カ条の平和原則について、「アメリカは神

ウッドロウ・ウィルソン
第28代大統領。

の与えたもの（十戒）に、さらに４つを付け加えようとしている」と揶揄した。クレマンソーは「ウィルソンは本気でキリストと話していると思っている」と語るなど、ウィルソンを「イエスの弟子」であるかのように観察していた。

ちなみに、幸福の科学で収録されたイエス・キリストの霊言で、ウィルソンの過去世が明らかにされている（大川隆法著『イエス・キリストに聞く「同性婚問題」』）。イエスの十二使徒にヤコブとヨハネの兄弟がいるが、ウィルソンの過去世は、兄弟の父にあたるゼベダイだったという。

イエスの激しい気性を受け継ぐかのようなウィルソン大統領が訴えた「アメリカが世界規模での警察官の役割を果たす」というビジョンは「ウィルソン主義」と呼ばれ、その後のアメリカ外交の理念となった。

第二次大戦を通じ「宣教師」兼「警察官」に

しかし、ウィルソンの提案はその時点では、「警察官」としての行動までは伴わない「宣教師」にとどまるものとなった。孤立主義者が大半のアメリカ議会が「ノー」を突き付けたためだ。「地球のどこかで紛争が起これば、米兵が警察代わりに飛び出して行かざるを得ない」として、孤立主義に逆戻りした。

その結果、第一次大戦後は、世界一の経済力と軍事力を持つアメリカが、再び海外の紛争に関わらなくなったために、アドルフ・ヒトラー率いるナチス・ドイツの台頭を招いた。

アメリカを「警察官」へと押し出したのは、〝内向き〟の国民を騙《だま》し騙し第二次大戦参戦へと導いたルーズベルトの統率力だった。

ナチス軍は、オーストリアやチェコスロバキアなどを次々と併合し、フランスも占領。ルーズベルトのアメリカは、イギリス陥落ぎりぎりのところで救援に入り、ソ連とも手を組んで連合国に勝利をもたらした。ルーズベルトは、ウィルソンの唱えた理念を行動原理にまで落とし込み、終戦時にはアメリカを世界の超大国に押し上げた。

戦後のアメリカはソ連の共産主義に対する防波堤となり、朝鮮戦争、ベトナム戦争を戦った。湾岸戦争、イラク戦争なども、ウィルソン主義と孤立主義とを行ったり来たりしつつも戦い続けた。これらの戦いはどれも、自由と民主主義を広げる「宣教師」であり「警察官」としての行動だった。

アメリカの積極外交は戦後、自由と民主主義を広げる特別な使命を実行するためには、軍事力を行使するなど少々乱暴なことをしても構わないという形で発展した。それが世界70以上の国と地域で800以上の基地となって展開している。

フランクリン・ルーズベルト
第32代大統領。

アメリカの覇権拡大の歴史

アメリカは「孤立主義」の国として出発したが、「世界の警察官」へと転換。しかし今、その立場が揺らいでいる。

【建国・拡大期】

1776年	アメリカ独立宣言
1823年	モンロー宣言
1840年代	産業革命の広がりを受け大富豪が出現し富を築いた
1861〜65年	南北戦争
1890年	北米の領土が確立 太平洋に勢力を拡大
1890年代	アメリカの工業力が英仏を抜く
1914〜18年	第一次世界大戦

孤立主義を確立 ⬅ 「世界の警察官」になる

初代 ワシントン大統領
「すべての人間は神によって生命、自由、および幸福の追求を含む不可侵の権利を与えられている（独立宣言より）」

リンカン大統領
南北戦争による国の分裂を防ぎ、黒人にも自由と民主主義を広めた

ウィルソン大統領
アメリカの自由と民主主義を広げるために「世界の警察官」の役割を果たすべきと訴える

F・ルーズベルト大統領
第二次世界大戦に参戦した

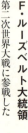

【世界超大国へ成長】

1929年	世界大恐慌
1939～45年	第二次世界大戦
1945～89年	冷戦
1955～75年	ベトナム戦争
1979年	中国との国交正常化
1989年	冷戦に勝利・ソ連崩壊

【テロ戦争で衰退】

1991年	湾岸戦争に参戦
2001年	9・11同時多発テロ
	アフガニスタン紛争
2003年	イラク戦争
2008年	リーマンショック
2014年	「イスラム国（IS）」が出現
	米主導の有志連合がISを空爆
2015年	南シナ海で中国の海洋進出が加速
	米海軍が南シナ海で「航行の自由作戦」
2016年	欧州でイスラム・テロが頻発
	シリアから大量の難民が欧州へ
	北朝鮮が2回の核実験を強行

⬅ 世界一の覇権国家になる ⬅ 「世界の警察官」をやめる

レーガン大統領
『強いアメリカ』の再生で、「『悪の帝国』ソ連を倒す」

クリントン大統領
日本を「仮想敵国」とみなし、中国を大国に育てた

ブッシュ大統領
イスラム・テロとの戦いを宣言した

オバマ大統領
「アメリカは世界の警察官ではない」

オバマ前大統領は欧米文明の終わりを目指した？

2009年から8年間、オバマ前大統領は、ウィルソン、ルーズベルト以来の伝統を断ち切ろうとしているかのようだった。いや、建国の父たちが信じた「特別な使命」をも消し去ろうとした。

オバマ氏は「アメリカは特別（exceptional）」と言いつつも、「アメリカの例外主義があるなら、イギリスやギリシャのそれもある」とも主張したことがある。

オバマ氏は、イスラム世界との確執や国内の人種差別問題などアメリカの負の面を謝罪するような発言もしていた。

「アメリカはイスラムに対し、間違いを犯してきた。アメリカは完璧ではない」

「アメリカは国家として奴隷制や人種差別の遺物と戦っている」

この発言は、オバマ氏の本音は「アメリカは特別ではない」点にあったことを示している。

さらに言えば、オバマ氏は「反植民地主義」を目指していたようだ。2012年にオバマ氏の子供時代からの思想形成にスポットライトを当てたドキュメンタリー映画「2016年＝オバマのアメリカ」が公開された。この中でオバマ氏は、「欧米諸国がアフリカやアジアを支配し、搾取してきた500年間の白人優位の歴史を逆転させる思想の持ち主」として描かれていた。

共和党を支持する政治学者が監督しているため、割り引いて考える必要はあるが、少なからずオバマ氏の「本質」をとらえているようだ。オバマ氏は、シカゴの貧民街で働いていた時代から黒人キリスト教会のジェレマイア・ライト牧師に師事し、信仰上の指導を受けた。ライト牧師は、人種差別と帝国主義のアメリカに対し「呪いあれ」と説法する過激活動家でもある。

「アメリカは世界の警察官ではない」という言葉の真の意味は、キリスト教文明による非キリスト教圏に対する侵略・虐殺・収奪といった「罪」を清算すべきだという点にあったのかもしれない。

幸福の科学のリーディングを見ると、それがよりはっきりする。オバマ氏の過去世は、15~16世紀のアステカの王モンテスマ2世であることが明らかになっている（大川隆法著『2012年人類に終末は来るのか？』）。スペインの侵略を受け、国が滅んだ際のアステカ最後の王だ。そのほかには、白人に滅ぼされたアメリカ・インディアンの酋長として生きたこともある。その転生の歴史は、キリスト教文明と戦い、敗れた悲劇の人生が多い。

オバマ氏の過去世、モンテスマ2世の霊言は2011年5月に収録されており、こう語っていた。

「白人は数百年にわたって、人種差別と優越感の下に、さまざまな悪業を積み重ねてきた。この間、アフリカ、アジア、中南米の人々は、差別と迫害と虐殺でそうとうな苦しみを得ているが、彼らには十分な『カルマ返し』が行われていない。だから、私がそれを成就する」

「私は、白人文明の最期をつくる」
(『2012年人類に終末は来るのか?』所収)

日本にとって耐え忍びと大変革の時期

オバマ氏は、アメリカ国内で多数派になろうとしているヒスパニックや黒人による後押しを受け、アメリカを「宣教師」や「警察官」の任から引きずり降ろすかのような政策を進めた。

オバマ氏は富裕層増税や福祉予算拡大にこだわり、国防費を毎年1千億ドル(約11・5兆円)規模で強制削減する事態を招いた。

中国は長期的な覇権主義のプランを持ち、そのために25年以上にわたって軍拡を続け、軍事費を40倍以上に増やした。そんな中国に対しても、「核大国」の道を突き進む北朝鮮に対しても、話し合い最優先で、とにかく穏便に済ませようとしてきた。

オバマ氏がつくり出した「力の空白」は、大英帝国が凋落するなかヒトラーのドイツが席巻した１９３０年代のヨーロッパに似ている。ナチス・ドイツ軍が四方八方に攻め入り、それをどの国も止めることができなかった。中国や北朝鮮が現代のナチスとなる可能性は極めて高い。

２０１７年に就任したトランプ大統領は、オバマ氏の敷いた路線を大きく転換し、アメリカの覇権システムを再建していくことになるだろう。ただ、しばらくは「アメリカ・ファースト」で国内の立て直しに専念せざるを得ない。オバマ氏の後始末に追われ、「偉大なアメリカ」の復活は数年はかかるだろう。この期間は日本にとっても世界にとっても耐え忍びの時期であり、大変革の時期となりそうだ。

日本が「神の正義」の下に戦う

日本は、どう生き抜いていけばいいのか。アメリカの「自由や民主主義を世界に広める使命」が一時的であれ後退するなら、日本がそれを担うしかない。

アメリカ独立宣言は、「すべての人間は平等につくられ、創造主によって、生存、自由および幸福追求を含む不可侵の権利を与えられている」とうたう。これがアメリカの建国理念であり、それを実現するために、孤立主義になったり反対にウィルソン主義に転換したりしたのだった。

そして、これと同じ思想が日本国憲法にも受け継がれている。日本国憲法13条に規定される「生命、自由及び幸福追求に対する国民の権利」がその象徴だ。これは、敗戦国の武装を解除した9条の規定などよりも遥かに上位にある普遍的な概念である。

こうした「人々の自由と幸福を守る」という思想の中に「神の正義」がはっきりと表れている。アメリカが再建のために一時立ち止まるならば、日本こそが「神の正義の下に悪と戦い、より良い世界をつくる使命がある」と宣言すべきだ。日本も神の正義を実現する力となるべきだろう。

ナチスに立ち向かったイギリスの首相ウィンストン・チャーチルは、「ヒトラーは奈落の底から這《は》い出した悪魔だ」と断言した。そのうえで「今度の戦争は人間の権利と独裁者の欲望との戦いである。一切の妥協はあり得ない」と宣言し、実際に独裁者を打ち倒した。日本にもそのぐらいの気迫が要る。

「日本にこそ正義あり」という自負

中国や北朝鮮では、国民の命が鴻毛《こうもう》より軽く扱われ、神から与えられた権利が踏みにじられている。13億人以上の人たちが、信教の自由、言論・表現の自由がない状態に置かれ、国家に反した行動をとれば、生命の危険にさらされる。日本には神の正義に反する隣国の圧政と戦う義務がある。

かつて日本は、アジア・アフリカの人々を苦しめた白人優位の植民地主義と戦い、たたき潰した。

それ以前には、日本はパリ講和会議で「人種差別撤廃」の国際連盟規約案を提案した。その内容は、国内や支配領域で人種・国籍の違いによって人々を差別しないことを加盟国に求める先進的なものだった。この提案に対する評決では、16人中、日本、中国、フランスなどの代表11人が賛成を表明したが、反対に回ったアメリカとイギリスが画策し、議長のウィルソンが突然「不成立」を宣言した。それまでの評決はすべて多数決だったにもかかわらず、ウィルソンが「重要な案件なので全会一致を必要とする」と〝屁理屈〟を持ち出したのだ。

つまり、人種差別撤廃の理想を葬り去ったのは、「神が与えた使命」を自覚するウィルソンだった。アメリカの自覚する「使命」がこれほど頼りないものであるならば、「神の正義は日本にあり」というぐらいの自負を持っても構わないだろう。

大川総裁の三男で、幸福の科学常務理事の大川裕太氏は『幸福実現党テーマ別政策集1「宗教立国」』で、日本は世界平和に貢献すべき国であることを指摘している。
「しかし、日本は戦後七十年間、決して侵略や不当な軍事行動を行わない国として、世界からも信頼されてきました。また、唯一の被爆国であり、大量破壊兵器の拡散防止について、意見を言える立場にある国です。

このような日本であるからこそ、不当に軍事行動や侵略を起こそうとした国に対して、毅然と意見を言うことができると思いますし、世界の国々はそれを正義と受け止めるでしょう。ですから、アメリカ以上に、日本は『世界の警察官』にふさわしい面があるのです」

オバマ前大統領が「アメリカは世界の警察官ではない」と表明し、トランプ大統領も同盟国に対等のパートナーとしての役割を求めている以上、「アメリカに守ってもらおう」という依存心を持つ政治家は日本にもう必要ない。ウィルソンのように神の正義とは何かを語り、チャーチルのように悪に立ち向かう真の指導者が求められている。

第5章のポイント

1

アメリカが世界を「一極支配」する時代は終わり、アメリカの覇権は後退している。

2

ウィルソン、ルーズベルト大統領時代にアメリカの「世界の警察官」の役割が確立したが、オバマ前大統領はその役割を終わらせた。

3

日本が「神の正義の下に悪と戦い、よりよい世界をつくる使命がある」と宣言し、行動すべきだ。

【主な参考文献】

中西輝政著『アメリカ外交の魂』（文藝春秋）
本多巍耀著『消えた帝国―大統領ウィルソンの挫折』（芙蓉書房出版）
ヘンリー・キッシンジャー著『外交〈下〉』（日本経済新聞社）
大川隆法著『２０１２年 人類に終末は来るのか？』（幸福の科学出版）
大川裕太著『幸福実現党テーマ別政策集１「宗教立国」』（幸福実現党）

第6章

中国の「金融覇権」を誰が止めるのか?
──円が基軸通貨となる時代

揺らぐアメリカの「金融覇権」

２０１６年11月のトランプ氏当選以来、「トランプ相場」が出現した。２０１７年１月末には、ニューヨーク株式市場はダウ平均株価が初めて２万ドルの大台を突破して最高値を更新した。トランプ氏が掲げるインフラ投資や規制緩和への期待感が高まっているためだ。

この中でも金融機関の株価の伸びが大きい。トランプ氏は「新しい規制を１つ作れば、従来の規制を２つ必ず撤廃する」と語り、金融分野を中心に規制を取り除こうとしている。

２００８年のリーマンショック後、アメリカの「金融覇権」は揺らいでいたが、トランプ政権で立て直されるだろうか。

戦後、世界の金融秩序はアメリカが維持してきた。アメリカ主導の国際通貨基金（ＩＭＦ）が世界の銀行システムを支え、世界銀行が援助や融資によって途上国の長期的な発展を促す体制だ。

しかし、このアメリカ主導の金融秩序に対し、中国が挑戦状をたたきつけた。

その一つが、中国主導で2015年に発足したアジアインフラ投資銀行（ＡＩＩＢ）だ。日本とアメリカは、ＡＩＩＢによる融資の基準やルールが明確ではないとして参加を見送ったが、それでも50カ国以上が参加。アジアの途上国だけでなく、先進7カ国のうちヨーロッパの英独仏伊が加わったことは、アメリカにとって大きな誤算だった。

100年かけて「アメリカ超え」を目指す中国

ＡＩＩＢには短期的には、中国が自国の経済低迷を解決するための手段という側面がある。中国は経済的に苦境に陥っている。2016年の中国の輸出は7・7％減少し、輸入も5・5％減った。マイナスは2年連続で、中国は2016年の国内総生産（ＧＤＰ）の成長率を６・７％増と発表しているが、輸出入の数字からすれば、公式発表とは裏腹に、中国経済がマイナス成長に陥っている可能性が高い。鉄鋼やセメント、建材などがあり余っているほか、失業者も増えている。資材と人を海外へ〝輸出〟し、景気対策の目玉としてＡＩＩＢを利用しようとしているというわけだ。

ただ、この数年の局面で見れば景気対策ということになるが、ＡＩＩＢはもっと長期的な視点でとらえるべきだろう。

アメリカの中国専門家の間で、『The Hundred Year Marathon（１００年マラソン）』という書籍が反響を呼んだ。アメリカの著名なシンクタンク、ハドソン研究所のマイケル・ピルズベリー氏が書いたもので、「中国は、戦後アメリカが築いた国際政治システムを中国共産党が支配するシステムに入れ替え、経済的にも軍事的にもアメリカを超えるグローバル超大国になることを目指している」と指摘した。その中には、人民元の基軸通貨化も含まれている。

つまり、アメリカはこれまで「中国といえども、欧米や日本が支援して経済的に豊かになれば、民主的・平和的な国に生まれ変わるだろう」と考えてきたが、それが幻想だったというのだ。ピルズベリー氏は親中派として中国の改革開放路線を支持してきたので、この書籍は中国専門家として自身の誤りを認めたことになる。

この「100年」というのは、中華人民共和国の建国100周年に当たる2049年までを指す。しかし、習近平・中国国家主席は「マラソン」のペー

習近平氏の「一帯一路」構想は
かつてのモンゴル帝国の
最大版図を超える支配圏を目指す？

スを一気に上げ、自身の任期である2023年までに実現しようかという勢いだ。

AIIBと軌を一にして発表された、海と陸のシルクロードを軸にした経済圏構築を目指す「一帯一路」構想もその一環だ。シーレーンおよび中央アジアを通って、中東やヨーロッパまで「中華経済圏」にしようという野心的な構想は、まるで東欧まで侵略したチンギス・ハンのモンゴル帝国のようだ。

途上国や新興国のAIIB参加は、アメリカのグローバル・スタンダードへの「ノー」

AIIBをめぐるアメリカの誤算は、〝自滅〟という面も強い。

アメリカは1980年代以降、IMFや世界銀行が途上国などに援助や融資をする際、緊縮財政や貿易・投資の自由化、公営事業の民営化などを、「グローバル・スタンダード」として押しつけてきた。これは「ワシントン・コンセンサス」

とも呼ばれ、アメリカ財務省やＩＭＦ、世界銀行が協調して行動しているとされる。

しかし、資金を必要としている国に対して、無理に多くの条件を課すことには問題がある。今、アジアは、世界で最もインフラ整備のニーズが大きい地域だ。道路や鉄道、ダム、電力などのために、毎年１００兆円規模の資金が必要で、途上国は先進国からの融資や援助を切望している。途上国にとって低利の資金はのどから手が出るほどほしいものだ。

ところが、世界銀行やその傘下のアジア開発銀行は、融資の相手国に「健全財政」という名の緊縮財政を求めてくる。１９９７年のアジア通貨危機では、タイ、インドネシア、韓国などが「グローバル・スタンダード」の〝餌食〟になった。ＩＭＦがこれらの国々に緊縮財政や金融引き締めを求め、各国の経済はガタガタになったのだ。

２０１０年に表面化したギリシャ債務危機も、ＩＭＦが融資に際して「政府の支出を減らせ」と条件を付けたことが迷走の理由だ。低迷する経済を立て直すために一定の景気対策がどうしても必要だが、その手段が縛られ、失業者が増え続けている。

アメリカ流の「グローバル・スタンダード」は世界中で「貧乏神」の機能を果たしており、すっかり信用を失ってしまっている。こうした問題に対して、途上国や新興国から不満の声が上がり、ＩＭＦ改革が求められていたが、アメリカは消極的だった。

アジア・アフリカの国々は大量の資金を欲しているのに、グローバル・スタンダードはそれに応えてはくれない。

ＡＩＩＢ創設時に参加した57カ国は、アメリカ主導のグローバル・スタンダードに「ノー」を突きつけたとも言える。

経済的・軍事的覇権は、こうして交代した

中国が目指している経済的・軍事的覇権の交代は、これから本当に起こってくるのだろうか。

世界的な覇権国は16世紀以降、スペイン、オランダ、イギリス、アメリカと移ってきた。いずれも、豊かになった国が他の国に投資したり交易を拡大したりしようとして、国民や投資を護るために強大な海軍を持つに至ったものだ。

海軍が世界をパトロールすることで、「何かあったら在留国民の生命や財産を、武力を行使してでも守る。力づくでも資金を回収する」という意志を示すことができる。その結果、投資された対象国は、「その国の企業や工場をいじめたり、約束を破ったりすることはやめておこう」と考えるようになる。イギリスにとって、7つの海を支配した海軍は、商売上、取りっぱぐれないための最終手段だったのだ。

つまり、世界中に投資したり資金を貸したりする金持ちの国は、必ず軍事力を強化する。世界最大の債権国が入れ替わるのに遅れて軍事大国が入れ替わる――。それが覇権の交代だった。

イギリスからアメリカへの覇権の交代は、第一次・第二次大戦をアメリカからの借金で戦ったイギリスの保有していた金《きん》が、戦後、返済のために一気にアメリカに移ったことで起きた。第二次大戦直後には、世界の中央銀行の持つ金の3分の2がアメリカに集中するまでになっていた。

イギリスの持っていた金は、世界中で貿易決済に使われていた基軸通貨ポンドを裏付けるものだったため、その裏付けを失ったイギリスのポンドは基軸通貨の地位を失った。さらにイギリスはアメリカからの借金を返すために、世界の海を支配した海軍の艦船の多くを売りに出さざるを得なかった。

アメリカのドル覇権の正体

現在のアメリカは、第二次大戦当時のイギリスと同じような世界最大の借金大国だ。ただ、アメリカ政府が発行する借金の証書（国債）を、戦後に経済大国に成長した日本の金融機関がせっせと買い、アメリカの財政を支えるという特殊な構造になっている。

日本の製造業などが他国に製品を売ってお金を稼ぐ。それが国民の個人金融資産となって金融機関に蓄えられる。そこから日本の国債を買う場合もあれば、アメリカの国債を買う場合もある。こうして海外に貸し出される資金は世界最大で、日本は25年連続で世界一の債権大国だ（2015年末時点）。覇権交代のパターンでいけば、「アメリカから日本に覇権が移る」となりそうだが、残念ながらそうはなっていない。

これは、イギリスの借金がドル建てであり、ドルをかき集めて返済しなければならなかったのに対し、アメリカはドル紙幣を刷りさえすれば、借金返済に充てられるからだ。加えて、ドル紙幣を大量に刷ることで、世界中から製品・サービスを買うことができる。

この「いくらでもドルを刷れる」という状態は、1971年、ニクソン大統領が「ドルを金で裏付けるのをやめる（ドルと金との交換をやめる）」と宣言したことに始まる。貿易赤字が拡大したことで金が海外に流出して、ドルとの交換に応じられなくなったのだ。また、ドルの価値が下がっていったため、固定されていたドルの為替レートを変動相場制（注1）へと移行させた。

それ以降、ドルはアメリカ政府の将来の税収を裏付けとするようになった。アメリカ政府の徴税権と国有財産がドルの信用のもとなのだ。移民大国のアメリカは世界から優秀な頭脳を集めているため、これからも経済成長を続けるであろうと予測でき、それがアメリカの税収の担保となり、さ

ドル覇権の裏付け

アメリカン・ドリームによる経済成長

経済活動を守るアメリカの軍事力

→ ドル支配

らにドルの裏付けになっていると言っていい。

有史以来、通貨は金や銀など何らかの「モノ」によって裏付けられていた。紙幣を金で裏付けるというのは、イギリスで、銀行（両替商）に金を預けた際の預り証をビジネス上の取引で紙幣として使ったのが始まりとされる。それをやめたという意味では、一つの発明ではある。

結局、「アメリカに渡って刻苦勉励すれば成功をつかめる」というアメリカン・ドリームの考え方が健在で、アメリカの経済発展の原動力であり続けるならば、それがドルの裏付けとなるのだ。

（注1） 各国通貨の交換比率（為替レート）を固定させず、市場における各国通貨の需要と供給に任せて自由に決める制度。

トランプ氏は、揺らいだドル覇権を復活させる

アメリカン・ドリーム以外の、ドルのもう一つの裏付けは、世界最強の米軍の軍事力だ。世界を飛び回るアメリカのビジネスパーソン、投資されたお金、物資を輸送する海上交通路を米軍が守っている。

イギリスの歴史家ポール・ケネディは『大国の興亡』で、「軍事費にお金を使い過ぎて覇権は崩壊する」と書いたが、アメリカでは、「世界最大の軍事費がドル紙幣とアメリカ国債を世界中で通用させている」という逆転構造が生まれている。

幸福の科学の大川隆法総裁はさらに突き詰めて、米軍が他国に〝強盗〟に入れることがドルの〝信用〟になっていると、著書『朝の来ない夜はない』で指摘している。

「実は、アメリカの経済は世界一の軍事力で担保されているのです。これは、

『本当にお金に困ったら、アメリカは国家レベルで〝銀行強盗〟ができる』ということです。それができるのが怖いところです。アメリカは、世界最強の第七艦隊を持っているので、これを中東に派遣し、オイルマネーを集めている国を〝占領〟すれば済んでしまうのです」

この点を踏まえれば、アメリカのドル覇権は、世界中から優秀な人材を集めて大成功させる「アメリカン・ドリーム」の考え方と、「米軍がグローバルな経済活動を守る」という意志によって支えられている。その意志が強固である限り、ドルが世界で使われるので、「いくらでも刷って構わない」ということになる。ニューヨーク連銀の調査によると、ドル紙幣の6割以上が海外で流通している。

それにもかかわらず、ドル覇権が中国による挑戦によって揺らいでいるのはなぜだろうか。その理由の一つは、オバマ前大統領が、成功者を生む自由な競争よりも「格差是正」を重視し、アメリカン・ドリームを否定的に考えていたこと。

もう一つは、「アメリカは世界の警察官ではない」と宣言し、財政赤字を減らすために国防費をカットしていったこと。これらがアメリカの覇権を切り崩している。

その一方、中国は長期的に人民元の基軸通貨化を目指し、人民元建ての貿易決済を増やそうとするなど国際化を進めている。

ドル覇権が揺らぎ、「人民元覇権」の芽が生まれているのは、やはりオバマ前大統領の政策をはじめ、アメリカの〝自滅〟の面が強かったからだと言える。

トランプ新大統領はこの流れを逆転させようとしている。トランプ氏がやろうとしていることは、第1章でも触れたが、要は、減税や規制緩和、インフラ投資によってアメリカ経済を復活させることと、「世界の警察官」としての米軍を再建することだ。

これに成功すれば、再びドル覇権が強固なものとなり、「いくらでもドルを刷れる」ようになる。トランプ氏の経済政策に対しては、「インフラ投資や軍備拡張をやったら、アメリカが財政破綻する」という批判が専門家から出ている。しかし、トランプ氏からすれば、「アメリカが覇権国として復活すれば、いくらでもドルを刷ればいいじゃないか」ということなのだろう。

中華経済圏は、「新たな植民地主義」になる

一方の中国の習近平氏が構想する「中華経済圏」は、人類にとって幸福なものにはならないようだ。トラブルはすでに世界中で起こっている。

猛烈な勢いでアフリカなどに進出し、原油や鉱物、食糧など資源を買いあさる様は、まさに「爆食」。道路やダム、鉄道などインフラ投資をしても、中国人を雇い、中国製資材を使うことが条件。現地では雇用も産業も生まれない。

さらには法律を無視し、自然環境を破壊するとなれば、まるでイナゴの大群が襲ってきたようなもの。アメリカ流のグローバル・スタンダードが「ワシントン・コンセンサス」であるならば、中国流の経済進出は、欧米の常識やルールを無視

する「北京コンセンサス」であるという指摘もある（英ケンブリッジ大のステファン・ハルパー教授）。

これに対し、現地の指導者たちから「新たな植民地主義」であるとの非難の声が上がるようになった。ナイジェリアの中央銀行総裁は2013年、イギリスのフィナンシャル・タイムズ紙への寄稿でこう指摘し、中国の経済進出に対する警戒感をあらわにした。

「中国はアフリカから一次産品を奪い、工業製品をアフリカに売りつけている。これはまさに植民地主義の本質の一つだ」

習近平は何を仕掛けてきているのか

ＡＩＩＢや「一帯一路」構想は、習近平・国家主席が「新しい帝国主義」「新しい植民地主義」をさらに加速させようというものだ。

幸福の科学のリーディングでは、習近平氏はモンゴル帝国の初代皇帝チンギス・ハンの転生した姿であることが明らかになっている。2010年、習近平氏の守護霊の霊言が収録され、こう語った。

「『大中華帝国』という新文明の建設に入ろうとしているわけだ。欧米文明は終わったということだよ」

（大川隆法著『世界皇帝をめざす男』より）

チンギス・ハンは世界史の教科書で、東洋の偉大な英雄とされているが、史上類を見ない殺戮《さつりく》者だった。彼は、西方への大遠征において圧倒的な

モンゴル帝国の最大版図
（13世紀後半）

北はロシア南部、南はブータンやバングラデシュ、東はユーラシア大陸の大部分、西は東欧や中東の一部を支配下に置いた。

機動力を誇る騎馬兵で勝利を重ね、東ヨーロッパまで攻め込んだ。その際、恐ろしい戦い方をしている。

例えば、捕虜を盾にして戦闘の最前線に押し出し、怯んだり後退したりした者はモンゴル軍が殺害した。ある国といったん同盟して戦いながら、勝利すると、その同盟国を裏切って滅ぼした。反抗した国の人々は容赦なく殺された。降伏した場合でも、全員を虐殺し、その町を廃墟にしたこともあった。

チンギス・ハンは、敵やその住民が泣き叫ぶ姿を見るのが「無上の幸福」と語ったという。敵の指導者の処刑は、耳と目から溶けた金属を流し込むという残忍なもので、東ヨーロッパでは「地獄の使者」と恐れられた。

チンギス・ハンは宗教に寛容だったとも言われているが、イスラム教の聖職者に馬の世話をさせ、聖典のコーランを馬のえさにした。自分を〝神〟として位置づけ、絶対服従を強要する異常者と言っていいかもしれない。現に、先の習近平氏の守護霊の霊言では、「私は世界最高の神だよ」とうそぶいていた。

ＡＩＩＢも「一帯一路」構想も、南シナ海での軍事拠点拡大も、習近平氏が〝神〟として世界を支配するためのプロセスであると警戒しておくべきだろう。

世界の経済秩序のために日本がなすべきこと

チンギス・ハンの侵略のような中国の覇権拡大は、日本がアメリカと協力して阻止しなければならない。そのためには、日本に「世界の経済発展と秩序維持に責任を負う」という決意と使命感が必要だ。そのうえで、為すべきこととして以下の4点を挙げておきたい。

①途上国に資金を供給し、産業を興す役割を担う

途上国に資金を供給する際に大切なことがある。第2章で少し触れたが、「二宮

尊徳方式」とでも言うべき日本の金融スタイル、「時間をかけて経営者を育て、支える」という金融哲学を守ることだ。

二宮尊徳は、困窮して借金を抱える一家を救う際に、借金を免除してやったり農具や住むところを与えてやったりしても、かえって貧困が増すとして、本当に貧しさを脱してもらうための方法を考えた。

「長い間に染まった悪い習慣について改心し、農業に精を出すようになってから恩恵を施せば、若い木に肥やしをやるように再び伸び始める」

尊徳はこの考え方に基づき、「五常講」という信用組合に似た制度をつくった。例えば、1千万円を貸し付けて、毎年100万円を返済するとする。10年で1千万円を返し終えられるが、もう1年かけて100万円を払ってもらい、それを利息とするという仕組みだ。

「五常」とは、仁（慈悲や奉仕の心）、義（筋を通すこと）、礼（感謝の心）、智（努力と工夫）、信（約束を守ること）。借金に苦しむ人がこの5つの徳目を守ると誓って〝改心〟するならば金を貸すことを認め、「五常」が実行できるよう教化指導した。

明治期の安田善次郎ら銀行家は、相手の才覚と決意を見て、融資に値するかを判断していたが、それは尊徳の「五常講」の精神そのものだ。この精神なくして、明治の殖産興業は実現しなかった。

朝鮮半島を近代化させた二宮尊徳方式

その伝統は、大正・昭和へと受け継がれている。朝鮮半島や台湾を日本が統治した際、産業を興し農村を近代化できたのも、勤勉に働き、工夫し、協力し合うことの大切さを産業人や農民に徹底して教えたからだった。

当時の朝鮮半島では、体を使って働くことを卑しむ風潮が強く残っていたため、朝鮮総督府は二宮尊徳精神の実践を指導する報徳運動家の山崎延吉を呼んだ。山崎は「勤労愛好、自主自立、感謝報恩」を徳目として掲げ、農村経営を指導して回った。第6代朝鮮総督の宇垣一成《うがきかずしげ》も「心田開発」を重視し、「奉仕・協同・自助の精神」を唱えた。

こうした努力の結果、半島でのコメの収穫高は、日本統治下の30年で2倍以上に増えた。農業に限らず、日本統治時代の朝鮮の経済成長率は日本本国や世界平均よりも高かった。工業製品の生産額にいたっては日本統治以前の16倍にもなった。

第二次大戦後の日本の復興期も、国中で担保に値するものはほとんどなかったが、銀行は人物を見てお金を貸していた。終戦直後から10年から20年の銀行融資は大半が実質的に不良債権だったが、復興が軌道に乗ってくると、多くが優良債権に転換していった。担保となったのは、「社長本人の信用」だけだったのだ。

このように事業や産業を興すための心構えを教えつつ、日本は率先して途上国

二宮尊徳の考え方はアジアにも広がった。

に資金を供給すべきだろう。アフリカの貧しい国の人に、「自分で手元資金をつくってから、大事業を起こせ」と言っても、何十年もかかってしまう。だからこそ、日本が明治以降、実践してきた「二宮尊徳方式」の出番となる。それによって、1700兆円以上にのぼる日本の個人金融資産が生かされる。

②途上国の産品を積極的に輸入する

途上国の産品の輸入も日本の役割だ。先進国に買ってもらってはじめて途上国の産業が育つ。その意味で、貿易の自由化は大国の責任である。途上国が先進国から高品質の工業製品を買うところまで発展すれば、共存共栄になる。

日本経済とリンクさせて世界経済の歯車を回し、世界の人口70億人の仕事をつくっていく気概が要る。それが大国の責任の一つだ。

③日本が「最後の貸し手」の役割を担う

基軸通貨国は本来、世界で最も多く対外資産を持つ国で、世界のどこかの国で金融危機が起こったら、「最後の貸し手」として資金を供給して資金循環が滞らないようにする役割がある。

1929年の世界恐慌後のイギリスは、基軸通貨国としての役割を果たせなかった。1932年、ドイツとオーストリアで金融危機が起こったが、イギリスにはもはや救うだけの力がなかったため、世界一の金持ち国になろうとしていたアメリカに助けを求めた。しかし、アメリカの解答は「自分たちには関係ない」だった。その結果、世界経済が不安定化し、第二次大戦へとなだれ込んでいったのだ。

その反省からアメリカが基軸通貨国としての責任を負うドル中心の国際通貨体制（ブレトンウッズ体制）ができた。しかし、戦後70年が過ぎ、アメリカに「最後の貸し手」としての自覚が薄くなっている。

２００８年のサブプライムローン危機では、日本がＩＭＦに１千億ドルを拠出し、世界恐慌を未然に防いだ。２０１２年のギリシャ債務危機でも、日本がＩＭＦに６００億ドルを出したことで、世界的な経済危機を終息させることができた。

さかのぼって１９９７年のアジア通貨危機の際は、日本が「最後の貸し手」になるべく「アジア通貨基金」を設立しようとしたが、アメリカに反対され、日の目を見なかった。その間隙をぬって中国がＡＩＩＢを設立するわけだが、今こそ日本は同基金の構想を復活させ、アメリカと協力して運営すべきだ。

④アメリカと共同してシーレーンを守る

トランプ氏は、日本にさらなる防衛負担を求めているが、言われるまでもなく主体的にアジアでの〝治安維持〟の責任を負うべきだろう。世界中にお金を貸す国が「取りっぱぐれない」ために強い軍隊を持つのは自然の流れだ。

自衛隊の装備や人員の増強について財務省が反対し、日本の防衛費はこの10年以上ほとんど増えていない。しかし、これは政府の「財布」しか見ない狭い了見だ。アジアの平和を守る自衛隊は「公共財」である。第3章でも述べたように、そのために国債を発行すれば、中国の軍事覇権を警戒するアジア各国からも資金を集めることができる。財務省が拒否するのであれば、防衛省が「防衛債」や「アジア安全保障協力債」として債券を発行すればよい。

単に日本の自衛隊だけを増強するのではなく、インド、オーストラリア、インドネシア、フィリピン、マレーシアなどの海軍の拡充に協力しながらであれば、「日本の軍国主義化だ」という見方にも反論できる。

当然、自衛隊の行動を極端に縛る憲法9条を改正し、防衛軍と位置づけることが欠かせない。自衛隊が他のアジアの軍隊と協力する際、足を引っ張ることがあってはならない。

アメリカが世界の覇権国であり、基軸通貨国であり続けているのは、「アメリカの経済力と軍事力で世界の経済を支える」という強い意志が持続されているからだ。

それはある意味で、大国としての「ノーブレス・オブリージ（高貴なる義務）」だろう。

日本が本気で、世界の経済と秩序の安定に責任を負おうとするのかどうか。今、それが問われている。

円が基軸通貨になる時代が来る

これらの日本の決意と行動の結果として、世界で円建ての貿易決済や金融取引が増え

新しい経済秩序をつくる日本の役割

① 世界一の債権国（お金持ちの国）として、途上国に資金を供給し、産業を興す役割を担う。

② 途上国の産品を積極的に輸入すること。

③ アメリカ主導のIMFなどが「最後の貸し手」の役割を十分果たしていない分、日本がその機能を補う。

④ 日本も空母や原子力潜水艦や海兵隊を持ち、アメリカと共同して行動する。

ていくと予想できる。現在は、世界の国際決済のうち円建てはわずか約3％しかない。ドルの約45％までいかなくても、ユーロの30％程度はあってしかるべきだろう。

同時に、アメリカ国債のように「日本国債や円建ての金融商品で資産を持っておこう」という国や企業も増えていく。中東の産油国をはじめ、中国にも日本国債を買ってもらうべきだろう。アメリカ国債は約3割を外国政府と海外の投資家が持っている。アメリカ国債の値段は安定しており、日本国債もそのぐらいの割合であれば海外で持たれても何の問題もない。

この40年以上、ドルの価値がどんどん下がっているため、世界中の投資家にとっては、ドル建てのアメリカ国債を持ち続けていると価値が目減りしてしまう。それを避けるために、「通貨価値が安定している円建てで資産を持ちたい」というニーズは大きい。この需要に応えるべきだろう。

こうして「円経済圏」が拡大すれば、円建ての貿易決済や取引、日本国債保有が増えるだけでなく、ジャパン・マネーを呼び込もうという動きも本格化する。アジア・アフリカ各国の政府や企業が円建てで国債や社債を発行し、資金調達しようという動きが当たり前になる。国内外の金融機関がこぞって魅力的な金融商品を開発し、1700兆円の日本の個人金融資産に対し、より大きな投資を促してくるだろう。

ドルのように圧倒的な基軸通貨が君臨する時代は珍しく、複数の通貨が国際通貨として併存しているのがノーマルだ。

イギリスのポンド覇権は、第一次大戦後の時点でほとんど終わっていたが、アメリカのドル覇権が確立するまでには第二次大戦後までの約30年を必要とした。弱体化しているドル覇権の一部を「円覇権」が肩代わりするには、一定の時間がかかるかもしれない。

ただ、「円経済圏」が広がったときには、国際決済や各国当局が持つ外貨準備の3割程度が円建てとなって、これがアジア・アフリカ圏の「公共財」になれば、ドルに近い形で「円紙幣がいくらでも刷れる」時代となるだろう。

世界の平和と繁栄に対する日本の責任感が、中国の野望を挫く

AIIBや「一帯一路」構想で示された中国のビジョンは明確だ。人民解放軍の軍事力とAIIBの資金力で、海と陸のシルクロードを中国方式（北京コンセンサス）に基づいて支配するというものだ。

しかし、21世紀中に世界の人口が100億人に向けて増えていく中で、中国だけが豊かになる「北京コンセンサス」では、世界の経済は成り立たない。100億人が食べていけるだけの産業や仕事がなければならない。貧乏神発想の「ワシントン・コンセンサス」も曲がり角を迎えている。

大川総裁は『国際政治を見る眼』で、世界経済をリードする哲学が見えなくな

っていることに触れ、こう述べている。

「これは、何か、『新しい基準』『世界の向かうべき方向』を、はっきりと打ち出さねばならないということであり、その『新しい方向』とは、新しい世界の秩序をつくるための倫理、および、その倫理に経済原理を含んだものでなければならないでしょう。したがって、『地球的正義とは何か』という考え方の下に、同時に、世界的な経済発展を促すような倫理でなければいけないのではないでしょうか。

大国がみな、『世界から撤退していき、自分の国の経済が何とか潰れないようにする』というだけの方向に行くと、シュリンク（縮小）、つまり、地球全体が縮んでいく状況となり、そのなかで、『人口だけは増えている』ということになりますと、このあと、きっと〝恐ろしいこと〟が起きるだろうと思います」

日本は「新しい基準」「世界の向かうべき方向」を、「東京コンセンサス」として打ち出さなければならない。それは、上記の4つの提言に示したように、二宮尊徳精神によってアジア・アフリカで産業を育て、日本と共存共栄することであり、その繁栄を軍事的にも下支えすることだ。

今こそ、世界の繁栄と平和に対する日本の責任感が問われている。それが、AIIBや「一帯一路」構想をめぐる中国の野望を挫《くじ》く出発点にもなるだろう。

第6章のポイント

1
アメリカのドル覇権は、米経済が成長していることと、世界最強の軍事力によって支えられている。

2
金融覇権を目指す中国のＡＩＩＢや一帯一路構想は、「新たな植民地主義」。

3
今後、円が基軸通貨になる時代が来る。日本の決意が中国の野望を挫く。

【主な参考文献】

マイケル・ピルズベリー著『China2049』（日経BP社）
綾織次郎著『GDPを1500兆円にする方法』（幸福の科学出版）
ポール・ケネディ著『大国の興亡』（草思社）
中西輝政著『大英帝国衰亡史』（PHP研究所）
大川隆法著『朝の来ない夜はない』（幸福の科学出版）
大川隆法著『世界皇帝をめざす男』（幸福の科学出版）
櫻川昌哉著『〝円〟国際化で日本は復活する』（朝日新聞出版）
大川隆法著『国際政治を見る眼』（幸福の科学出版）

Part Ⅳ
世界の憎しみの連鎖を断つ

第7章

イスラム圏の3つのイノベーション

――日本には「宗教文明の衝突」を仲裁する使命がある

増幅する双方の憎悪

トランプ大統領は就任後すぐ、難民の受け入れ停止や一部の国を対象とした入国制限を開始した。

大統領令を出し、すべての国からの難民受け入れを120日間凍結。さらには、イラン、シリア、リビア、イエメン、スーダン、ソマリアの6カ国の市民の入国を90日間停止した。

大統領選中に主張していた「イスラム教徒の入国禁止」からは大きく〝後退〟し、入国審査の厳格化を図る期間に限定したものなので、妥当な内容ではある。

しかし、標的となったイランなど7カ国だけでなく、他の中東・アラブ諸国も強く反発。イスラム圏でのアメリカに対する憎しみを煽る結果を招いている。

トランプ氏は入国制限後のツイートでこう述べた。

「私たちの国は今こそ、高い国境と厳しい審査が必要だ。全ヨーロッパと世界で何が起こっているかを見てほしい。恐ろしい混乱だ！」

（Our country needs strong borders and extreme vetting, NOW. Look what is happening all over Europe and, indeed, the world a horrible mess!）

トランプ氏としては、ＥＵのように簡単に国境を越えて移民や難民が押し寄せてくる現状を大きく変えなければ、アメリカ国民の安全は確保できないという考えのようだ。

トランプ氏は時を同じくして、「イスラム国」打倒のためのプランを作るようマティス国防長官に命じた。その文書では、「アメリカはイスラム国を打倒するために、断固とした行動を取る必要がある」と述べている。トランプ政権は、イスラム国の殲滅《せんめつ》に向けて動き出している。

イスラム国は２０１４年６月に「国家樹立」を宣言。２０１５年11月、パリ同時多発テロを起こし、世界を震撼《しんかん》させた。

欧米は徹底した空爆に踏み切り、イラクとシリアにまたがる支配地域は縮小する一方となっている。トランプ政権のアメリカがとどめを刺すのは時間の問題だ。

一般市民を狙った無差別テロは、許容することはできない。イスラム教の聖典コーランや、開祖ムハンマドの言行録であるハディースには、異教徒の殺害など過激に解釈されかねない部分がある。ムハンマドの生きた7世紀の中東ならまだしも、世界中の人たちが交流するようになった現代で、その考え方を押しつけられてはたまったものではない。

かといって、イスラム国を丸ごと殲滅するというのも、イスラム側の憎しみを増すだけで、根本的な解決にはほど遠い。

増幅する中東での憎しみの連鎖を解決する道はあるのだろうか。

まずは、現在、イスラム圏で起こっていることを整理しておく必要がある。本章では、以下のように問題を整理し、解決策を探りたい。

●イスラム圏内の問題①　スンニ派とシーア派の対立

- イスラム圏内の問題② イスラムの教えが政治・経済・生活を縛っている
- 欧米との対立① 欧米の植民地主義への抵抗が続いている
- 欧米との対立② キリスト教国（+イスラエル）との対立が終わらない

イスラム圏の問題はあまりにも複雑だが、これらの要素に分けて考えれば、解決の道がある程度見えてくる。

イスラム圏内の問題① スンニ派とシーア派の対立

イスラム圏内の問題としてまず挙げるべきは、スンニ派とシーア派の対立だ。

イスラム教では、開祖ムハンマドの死後、スンニ派とシーア派に分裂した。スンニ派は、ムハンマドが後継者を指名せずに亡くなったため、その都度、適格な人物が指導者になればよいとする派。世界のイスラム教徒の8〜9割を占める多数派だ。

これに対し、シーア派は血統重視。ムハンマドの従弟にして娘婿のアリーの子孫を正統な後継者だと考える。イスラム圏全体ではスンニ派が多数だが、イランでは大半がシーア派であり、イラクでは約6割を占めている。

この2大宗派は、サウジアラビア（スンニ派）対イラン（シーア派）、イスラム国（スンニ派）対イラク現政権（シーア派）といった対立の構図をあちこちで生んでいる。

原理主義化した
スンニ派、シーア派の対立が深刻に

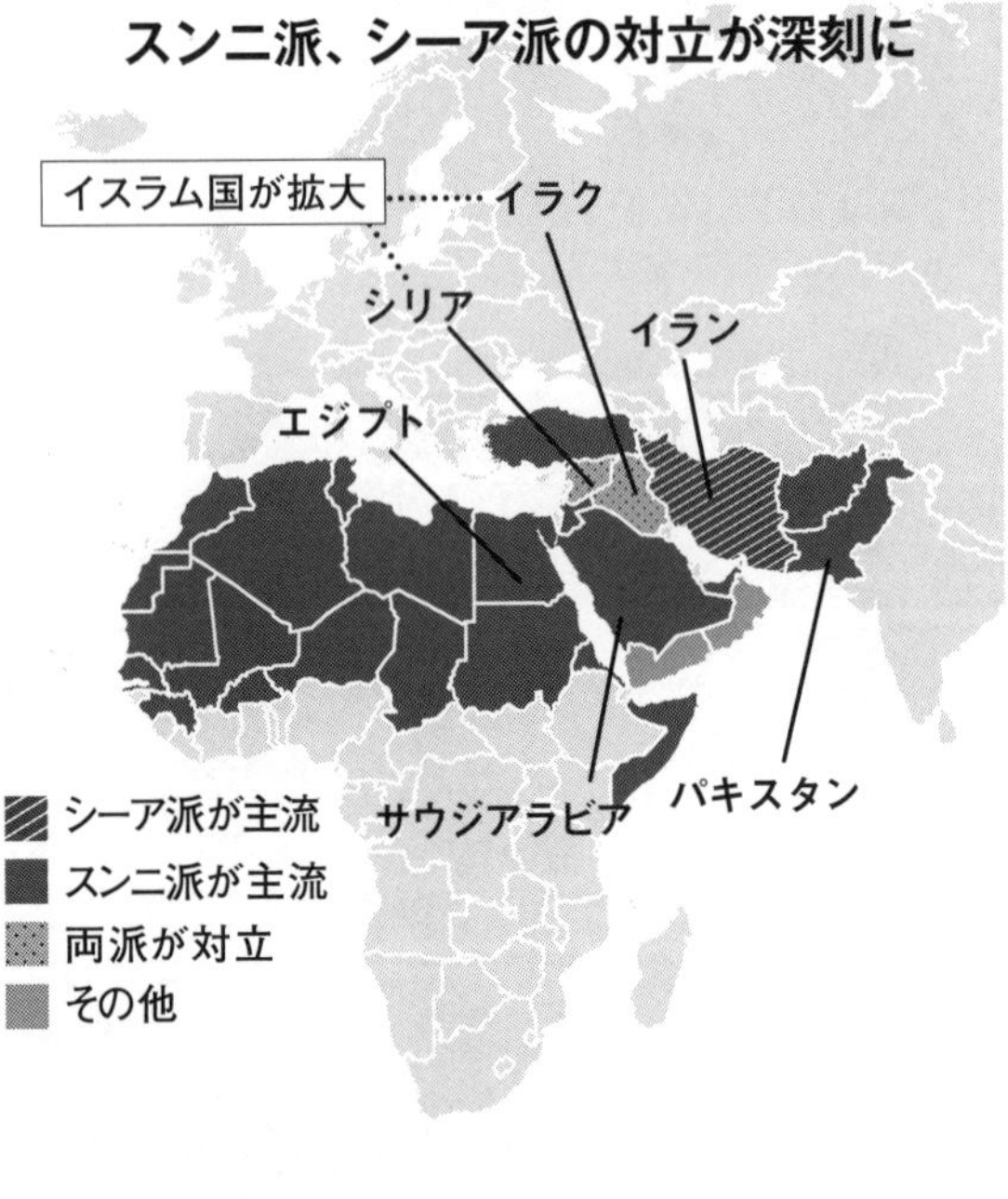

イスラム国の構成メンバーの多くは、2003年のイラク戦争後の米占領下で、政権から追い出されたスンニ派の人たちだ。親族も含めて公職から排除され、10万人もの失業者が生まれたという。代わりに、かつては冷遇されていたシーア派の人たちがイラク新政府に登用された。

これは明らかに、フセイン元大統領も属していたスンニ派に対する「罰」だった。フセインが率いていたバース党の幹部たちは裁判にかけられ、処刑された。

特定の勢力に統治を任せ、他の勢力との対立をあおる「分断統治」は、欧米による植民地支配の伝統的なやり方だ。その国内で憎しみ合う構造をつくることによって、国民が団結して「宗主国」に反抗しないようにすることを目的としていた。

したがって、イスラム国の活動は『排除されたスンニ派で自分たちの国をつくろう』という復権運動だ。家族や仲間をアメリカやイラク政府から防衛しているとも言える。

イスラム圏内の問題②
イスラムの教えが政治・経済・生活を縛っている

イスラム圏内の問題の2つ目は、イスラムの教えが政治・軍事・法律と一体化し、人々の生活規範に入り込んでいることだ。このため、イスラム教は時代の変化に対応できず、停滞している。

例えば、1日5回の礼拝、豚肉やアルコールの禁止、女性は車の運転ができないなど、人々の生活の選択肢を狭めている規律が多い。

特に問題なのは、サウジアラビアやイランなど、コーランやシャリーア（イスラム法）を憲法や法律と位置づける国々での「人権軽視」だ。夫婦ではない男女が性的関係を持つと石打ちで死刑になる、性犯罪の被害に遭った女性の方が有罪になる、窃盗犯は手足を切断されるなど、先進国では考えられない「人権被害」がある。また、イスラム教からの改宗自体が死刑になる。これは、棄教者の殺害を命じたハディースが根拠となっている。

イスラム圏は西暦800年ごろの「アラビアン・ナイト」の時代は、哲学や数学、天文学などが発達し、最盛期を迎えた。しかし1500年代から下り坂になり、大航海時代に入ったヨーロッパに逆転された。

19世紀以降、欧米の植民地支配を受けるようになったが、第二次大戦後、中東・アラブに集中して原油が出るようになって、中世の栄光の記憶が蘇ったようだ。ムハンマドの時代を理想化し、それを復活させようとする原理主義が各地に台頭した。

アラビア半島では、19世紀半ば、ヨーロッパ列強に対抗するかたちでサラフィー主義が形成された。もともと18世紀以降、きわめて厳格なワッハーブ派が活動していたが、彼らが20世紀前半に現在のサウジアラビア王国を確立した。コーランを憲法、シャリーアを法律と位置づけ、国家運営のすべてに適用。民主主義を否定する。アラブ首長国連邦やカタールなども同様だ。これらの国々、特にサウジアラビアは、原油による経済力を背景とし、世界中にイスラム原理主義を拡散した。

イランでは1979年のイラン革命以来、シーア派の原理主義者が革命によって政権をとり、イスラム法を復活させた。大統領選や議会選を行ってはいるが、宗教指導者のハメネイ師が最終判断を下す仕組みだ。

この延長上にイスラム過激派がある。ノーベル平和賞を受賞したマララ・ユスフザイさんを銃撃したのは、パキスタンとアフガニスタンにまたがって活動する過激派のタリバンだ。

もちろん、イスラム諸国がすべてこうであるわけではない。エジプトやレバノンでは、イスラム法を法源として認めてはいるが、家族法、離婚法、相続法など一部を適用しているだけで、

イスラム法によって統治されている
イランの女性たち。

比較的縛りは緩い。トルコでは、1923年の共和国建国後、政教分離を確立させ、イスラム法を廃止した。

アジアでは、インドネシアやマレーシアなど、多くのイスラム諸国が西欧型の議会制民主主義や法制度を導入。イスラム的価値観との両立を図っている。

イスラムの厳格な国では、宗教の教えが人権を抑圧し、発展を阻害する足枷になっているが、それ以外の国々を見ると、イスラム法の縛りを緩める改革も不可能ではないことが分かる。

欧米との対立① 欧米の植民地主義への抵抗

中東イスラム諸国におけるもう一つの大きな問題として、欧米との政治的対立が挙げられる。かつての植民地支配の後遺症がまだ残っており、それとの格闘が続いている。

19世紀に入ると、ヨーロッパ列強はイスラム世界に侵入し、中東から北アフリカまでを支配。さらに、第一次大戦で中東・アラブを広く支配していたオスマン・トルコ帝国が敗れると、英仏など列強はトルコの旧領土を好き勝手に分割し、実質的な植民地とした（サイクス＝ピコ協定）。

今のイラクやシリアなどの国境は、英仏が自分たちに都合よく引いたものだ。

したがって、イスラム国がイラクとシリアにまたがって独自の支配地域を

英仏がサイクス＝ピコ協定で中東を好き勝手に分割した

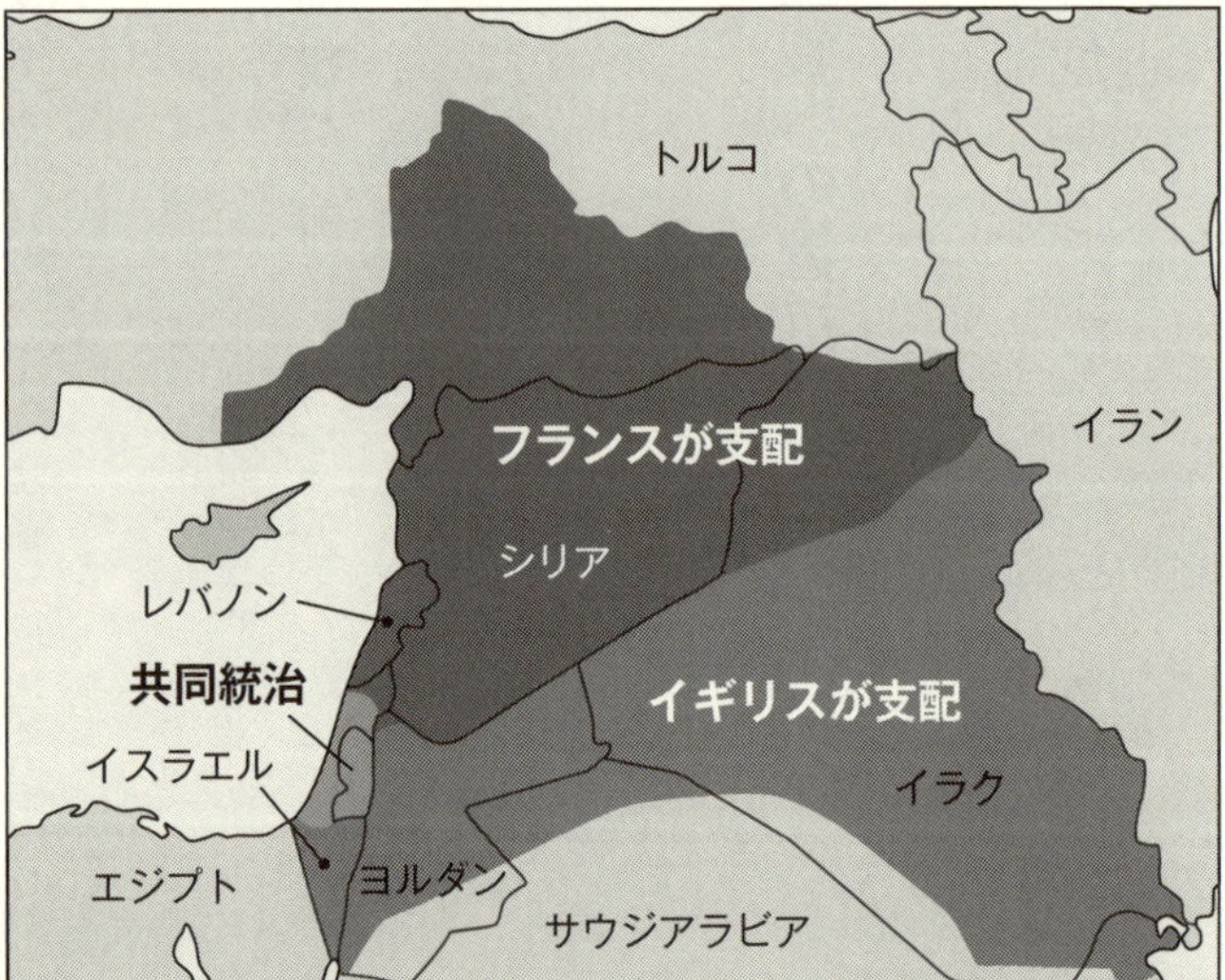

つくろうとするのも、シリアの内戦も、欧米が意のままに引いた国境線を引き直そうという抵抗運動の意味合いが強い。

欧米はこうした植民地主義に対する「反省」を正式に表明したことはない。第二次大戦後の中東も、植民地支配の性格は残り、欧米がバックアップする独裁政権の国がほとんどだった。その抑圧体制に対する異議申し立てが、エジプトなどでの「アラブの春」だった。

1990年のフセイン大統領のイラクによるクウェート侵攻も、イギリスの行動に遠因がある。第二次大戦前にクウェートで石油が出るようになって、イギリスがイラクと切り離してクウェートを独立させた経緯があった。

イスラム国の戦いには、かつての宗主国である英仏や、現代の「宗主国」アメリカに対する「独立戦争」のような性格がある。中東の人々にとっては、欧米の植民地支配は今も続いており、そこから脱却しようとしているのだ。

欧米との対立②
キリスト教国（＋イスラエル）との対立が終わらない

欧米との対立には、中東のイスラム諸国と欧米のキリスト教国（およびユダヤ教国であるイスラエル）との宗教戦争という、もう一つの面がある。

イスラム教とキリスト教の対立の歴史は古い。かつて11世紀から13世紀にかけて、ヨーロッパによるイスラム世界への「十字軍」があった。十字軍の目的は、聖地エルサレムをイスラム教徒の支配から奪還すること。その目的は一時期を除いて成功せず、十字軍による略奪や殺戮にイスラム世界は翻弄《ほんろう》された。

イスラム国は今、ヨーロッパやアメリカを「十字軍国家」と呼んでいるが、彼らは900年越しの反撃をしているつもりのようだ。あまりにも時間が経っているので〝時効〟をかけてもらいたいところだが、これもイスラム側の主張する「正義」の一つではあろう。

キリスト教国の攻撃は現代でも続いている。2003年からのイラク戦争で、米軍などによって犠牲になったイラクの民間人は、アメリカとカナダの研究者による調査で50万人前後とされている。日本も同じような経験をしており、先の大戦末期に米軍が行った日本の主要都市に対する空襲で民間人は40～50万人が亡くなった。この非キリスト教国への攻撃の激しさを見れば、キリスト教国には他の宗教に対する強い偏見があると言わざるを得ない。

一方、イスラム教の側でも、他宗教への非寛容な姿勢が問題とされている。実際、聖典コーランでは、いくつかの章句で、非イスラム教に対する戦闘性が強調されている。

「多神教徒どもを見つけしだい、殺せ」（9章5節）、「神アッラーも終末の日も信じない者と戦え」（9章29節）、「信仰を否定する似非信者と戦え」（9章73節）、「信仰なき者どもといざ合戦という時は、彼らの首を切り落とせ」（47章4節）などだ。

このように、欧米のキリスト教国と中東のイスラム諸国との宗教対立は、双方の戦闘性が強いため、一向に終わる気配がない。

イスラム圏内の問題の解決 ――「信教の自由」を確立し、「政教分離」する

それではまず、イスラム圏内の問題をいかに解決すべきかを考えてみたい。

①シーア派とスンニ派の対立、②イスラムの教えが政治・経済・生活を縛っている、という問題に対しては、「信教の自由」を認め、「政教分離」を進めることがカギとなるだろう。

幸福の科学の大川隆法総裁はイスラム圏の政治改革の必要性について、『イラク戦争は正しかったか』で以下のように指摘している。

「アラブ圏は、宗教改革をするにしても、厳しい環境下にあります。（中略）今は、宗教改革者が出てもすぐに殺される環境なので、こちらにも、中国と同じように、『思想・言論・信教の自由』が必要です。まず、政治改革をしない限り、宗教改革はさせてもらえないですね。宗教改革者が出ても、皆殺しでしょう。何度出ても絶対に殺すだろうと思います」

信教の自由とは「少数派が語る言葉にも神の心の断片が宿っている」という思想だ。つまり少数派に対する寛容の精神のことで、ここから思想・信条の自由、言論・出版の自由、集会・結社の自由、学問の自由、政治活動・経済活動の自由といった「自由権」が認められていった。

この信教の自由が認められれば、スンニ派とシーア派のどちらに属するかによって、差別されたり弾圧されたりすることはなくなる。

イラクやシリアで「イスラム国」を立ち上げたスンニ派の人々を、宗派ゆえに排除するのはおかしいということになる。

大川総裁は著書『正義の法』の中で、こう指摘している。

「体制に対して納得がいかないでいる人たち、特に、スンニ派の人たちに対して、何らかの自治権というか、居住権を与えるようなところで、線を引かなければいけないのではないかと考えています」

イラク北部の少数民族クルド人は高度な自治が認められ、大統領や首相までいる。イスラム国を支持しているような抑圧されたスンニ派の人たちにも、少なくともそれと同等の自治権が与えられるべきだろう。

こうした政治改革の際に大事なことは「イスラム教は野蛮だから無理」などと偏見を持たないことだ。キリスト教の場合も、個人の人権や自由が認められるようになったのは、1600年代になってからだ。

イスラム教は誕生してから約1400年だが、誕生後1400年ごろのキリスト教は魔女狩りや異端派弾圧が真っ盛りで、多くの人々が犠牲になっていた。その後、ヨーロッパはカトリックとプロテスタントの宗教戦争に突入。戦争に嫌気がさして、ようやく「信教の自由が大切だ」ということになった。

以上のことを考えれば、イスラム圏で信教の自由など自由権が確立されるのは、むしろこれからだと思っておかなければならない。キリスト教の歴史の中で起きた流れがイスラム圏でも起こり、信教の自由と政教分離が確立されるだろう。なお、寛容な宗教の場合であれば政教分離の必要はないが、非寛容な宗教の場合はやむを得ず必要となると考えるべきだろう。

イスラムの教えと国民の経済・生活を分ける――「トルコ革命」がモデル

信教の自由を認めて政教分離を行うことは、イスラムの古い教えが、生活習慣や風習、具体的な政治・経済の運営に関わっている部分を間引くことにつながる。その結果、経済活動の自由、民主主義的な政治参加の自由が開ける。

それを先駆的に20世紀初めに実現したのが、トルコ建国の指導者ケマル・アタチュルク大統領だ。アタチュルクは「父なるトルコ人」という意味で、議会が贈った尊称。今も国民の尊敬を集める「国父」である。

第一次大戦に敗れたオスマン・トルコ帝国は、イギリスなど列強によって解体されようとしていた。そこにアタチュルクが彗星のように登場

トルコ建国の父、
ケマル・アタチュルク。

した。独立戦争を戦ったうえ、開祖ムハンマドの後継者である宗教指導者（カリフ）と同時に、世俗の最高権力者でもある皇帝（スルタン）を倒し、宗教支配を終わらせた。

シャリーアや国教制を廃止するなど政治からのイスラムの分離を徹底。イスラム法学者が政治に口を出すことがなくなり、国民生活や経済活動で個人の「自由」が認められるようになった。

具体的には、ヨーロッパ式の近代法体系を導入し、イスラム教を国教とする規定を否定。イスラムの礼拝を減らしたり、女性のベールの着用を禁じたりした。

かといって、トルコ国民の99％はイスラム教徒で、宗教心が薄れているわけではない。イスラムの普遍的な教えは残しながら、中世の古い風習に基づく部分を間引くことができた結果だと言える。他の国々も、このようにして初めてイスラムの前近代性を乗り越え、現代社会と未来社会に適応できるようになる。

アタチュルクが目標としたのは、東洋で初めて近代国家をつくり、強国ロシアを破った日本。執務机に飾った明治天皇の御真影を前に、自分が突き進める革命や独立戦争が「明治維新や日露戦争のようになるだろうか」と自問自答したという。

中東の厳格なイスラム教国に住む男性はこう語る。

「イスラム世界には改革が必要です。それは、現代的な生活に合わない古い教えを捨てることです。イスラム教は、中心的な教えと、中世のアラブに必要だった教えを分けるべきです。過去の砂漠での原始的な生活様式に執着すべきではありません。新しい考え方の下で、今の時代の早い動きについていくべきでしょう」

植民地主義の克服――近代国家を立ち上げる

では、イスラム圏と欧米との対立という問題については、どんな考え方が必要だろうか。まず、「植民地主義の克服」という課題については、イスラム諸国が近代国家を立ち上げることが解決になる。

その際、かつて欧米が引いた国境線は見直され、民族や宗派の分布の実態に合ったものにするべきだろう。実際、現在のイラク内戦やシリア内戦の解決策として、イラク分割、シリア分割の提案がさまざまな専門家や政治家からなされてきた。シリア分割については、元米大統領補佐官で国際政治学者のキッシンジャー氏らが、「シリアは分割すべきだ」と主張していた。

イスラム国が生き残るのはかなり厳しい状況だが、それはともかく、中東の人々が現在の国境線に反発することには正当性があるだろう。「自分たちの宗派や民族で、自分たちが責任を持てる国をつくりたい」という志は、哲学者アーレントが強調したような「自由の創設」と言っていい。

それでは、近代国家はどのように建設されるのか。

大川総裁は「**時代的に言えば、おそらく、イスラム教に今、明治維新のようなものが来ようとしているのでしょう**」（『法哲学入門』より）と述べ、イスラム圏の近代国家建設のうねりが起こることを予見している。

日本の明治維新はイスラム圏全体のモデルになり得る。日本は19世紀後半には植民地化の圧力を押し返した。日本でも当初は外国人へのテロや排斥運動を行っていたが、その後、欧米の文明を吸収し近代化する道を選んだ。結局、そのことが自国の植民地化を防ぐばかりか、世界有数の大国へと成長していくきっかけとなった。

現時点でのイスラム過激派は、維新の志士たちのような「尊王攘夷運動」を行っている段階で、暴力行為も度が過ぎている。しかし、彼らもどこかの時点で開国と富国強兵へと転換する可能性はある。

実は、欧米諸国から敵視されているイスラム国も、近代国家の建設を目指していた。

近代国家の建設を目指した
イスラム国のバグダディ氏。

イスラム国の最高指導者バグダディ氏は2014年のカリフ就任時の説教で、こう呼びかけた。「我々の必要な人材は、イスラム法学者とともに、軍事、行政、サービスの専門家、医者、あらゆる分野のエンジニアである」

まるで企業の人材募集のようだが、バグダディ氏は新しい国家の建設に有為な人材を求めた。

現にイスラム国では、各省庁や警察など行政機関が機能していた。2000億円規模の国家予算があり、治安を安定させながら、電力供給、道路補修、医療サービス提供、貧困者や孤児のための食糧配給も行っていた。

大川裕太・幸福の科学常務理事は著書『幸福実現党テーマ別政策集1「宗教立国」』で、日本は世界に発展の方法を教える力を持っているとして、以下のように述べている。

「日本は、明治維新以降と、第二次大戦の敗戦からの復興期に、大きく経済成長を果たし、世界の超大国に上り詰めました。しかし、世界の発展途上国には、農業や天然資源に依存したままの国も多く、経済運営の仕方がよく分からなかったり、経済成長をうまく軌道に乗せられず苦労しているのです。

日本は、こうした国々に、発展の方法を教えることができます。実際に、韓国やシンガポール、マレーシアなど、日本のまねをして経済成長を果たしていった国も多いのです。他の国々をさらに富ませ、世界全体の繁栄につながるように、日本の『智慧』を世界に広めることができるのです」

第6章でも述べたが、日本は朝鮮半島を急速に近代化させ、経済発展させた。日本が統治した台湾や旧満州も同様だ。日本には途上国を近代化させるノウハウが確かにある。日本が本格的に援助すれば、イスラム圏の近代化も可能になる。

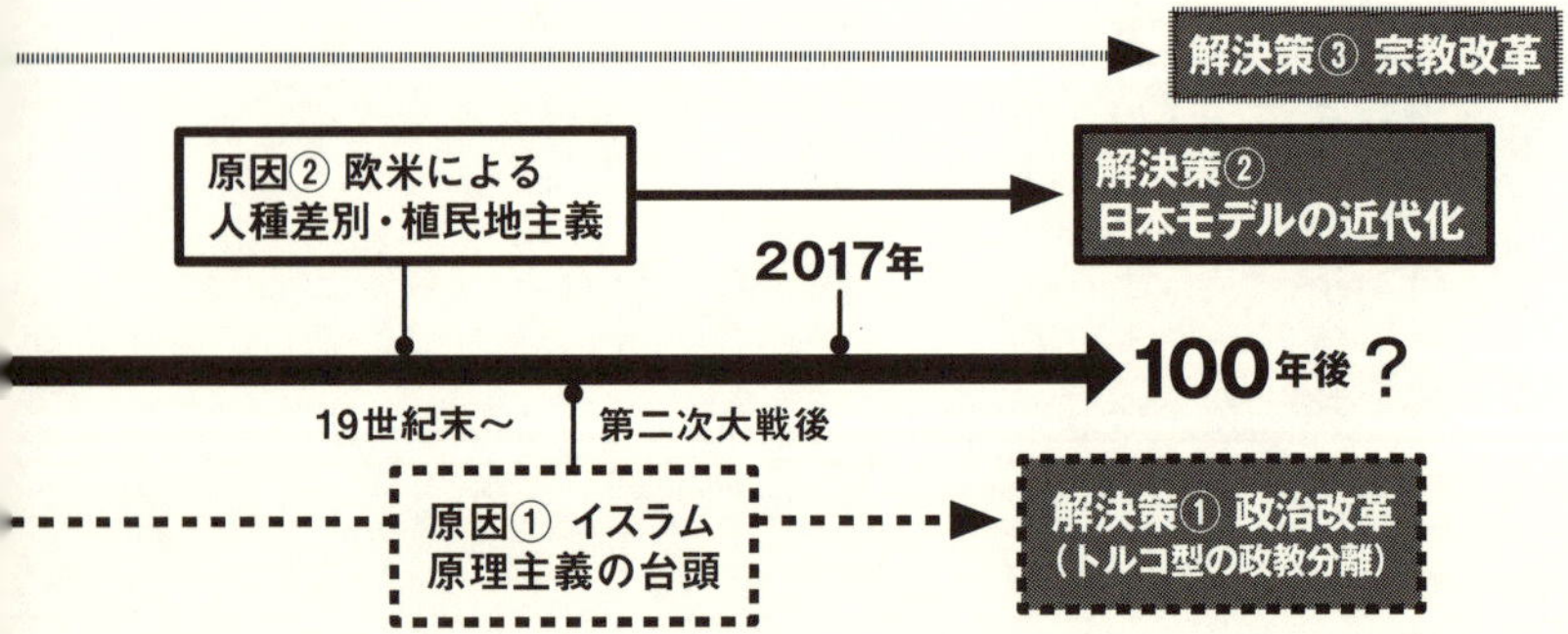

近代国家の建設は、土台に国民教育がなければならない。教育がしっかりしていなければ、国が経済的に豊かになっていくことはない。

イスラム圏では公教育が十分に普及していない地域も多い。識字率もエジプトが70%前後と、先進国と比較して軒並み低く、現状を改善する必要がある。

また、イスラム圏では自助努力の考え方が根づいていない。勤勉に働いてお金を稼ぎ、国を発展させることを肯定する、「イスラム版のプロテスタンティズム」が要るだろう。教育の機会を得て刻苦勉励し、自分の才能を伸ばす人たちを増やしたい。

先述したトルコのアタチュルク大統領は、日本の明治維新を近代国家建設の手本にしたが、その際、

中東の「3つの憎しみ」の原因を取り除く「3つの解決策」

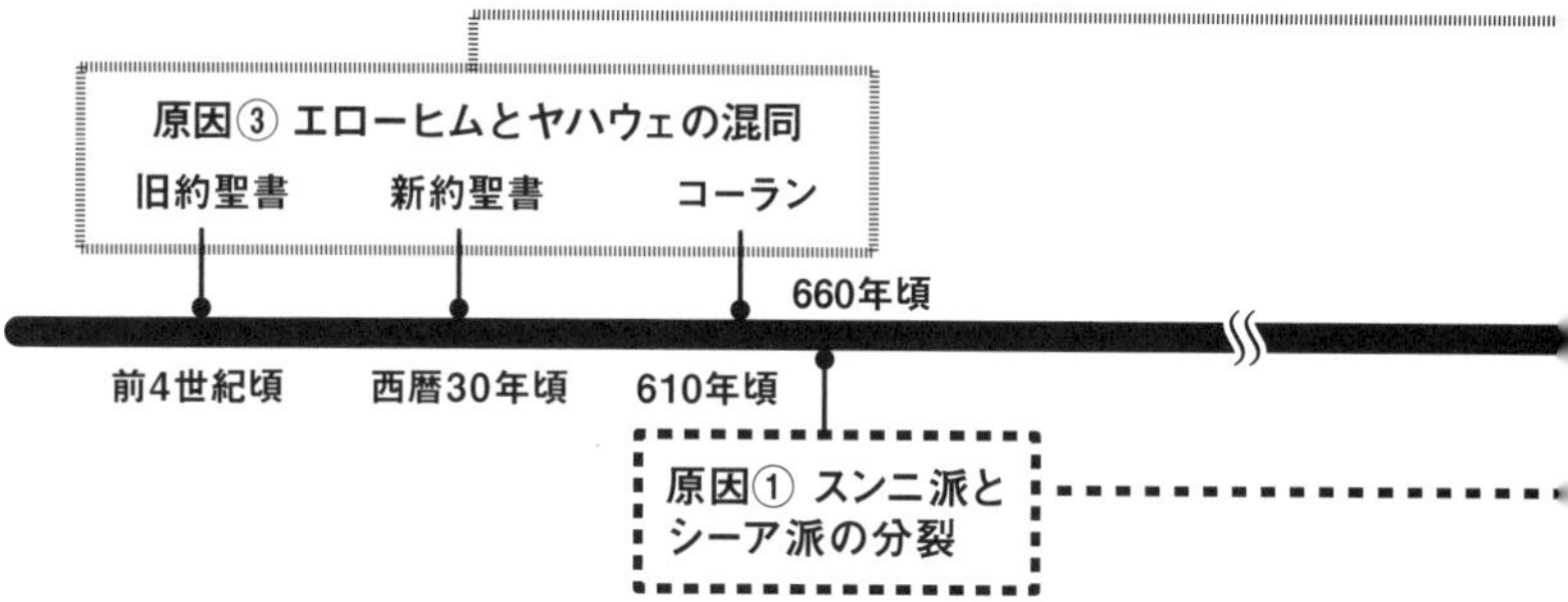

彼が特に深く学んだのは「国民が自助努力の精神の下に勤勉に働けば、国が豊かになる」ということであった。

このように日本の明治維新は、今でもイスラム教国のモデルになる。

宗教対立の克服――「愛の神」への信仰に一本化する

最後に、欧米との対立で2番目に取り上げた、キリスト教国（＋イスラエル）との宗教的対立という問題が残っている。

これについては、ユダヤ教、キリスト教、イスラム教の3つの宗教が信じている神がどういう存在なのかを理解する必要がある。

3つの宗教はそれぞれ一神教だから対立するしかないかというと、そんなことはない。お互い「兄弟宗教」で、「同じ神を信じている」という認識がある。ユダヤ教の神も、キリスト教の天なる父も、イスラム教のアッラーも、同じ存在だ。

問題は、同じ一つの神を信じていると言いながら、実は異なる神が混在している点にある。

どういうことかと言うと、中東・アフリカで広く信仰を集めた普遍的な神とユダヤの民族神が一緒になってしまっている。旧約聖書を読むと、「主」と表記されるヤハウェと、「神」と表記されるエローヒムは明らかに異なる個性だ。

ヤハウェは「主が命じられたように（他の民族を）必ず滅ぼし尽くさなければならない」（申命記1章2節）と命じるような戦闘的な神。エローヒムは「復讐してはならな

3つの宗教で信仰する「神」は同じ

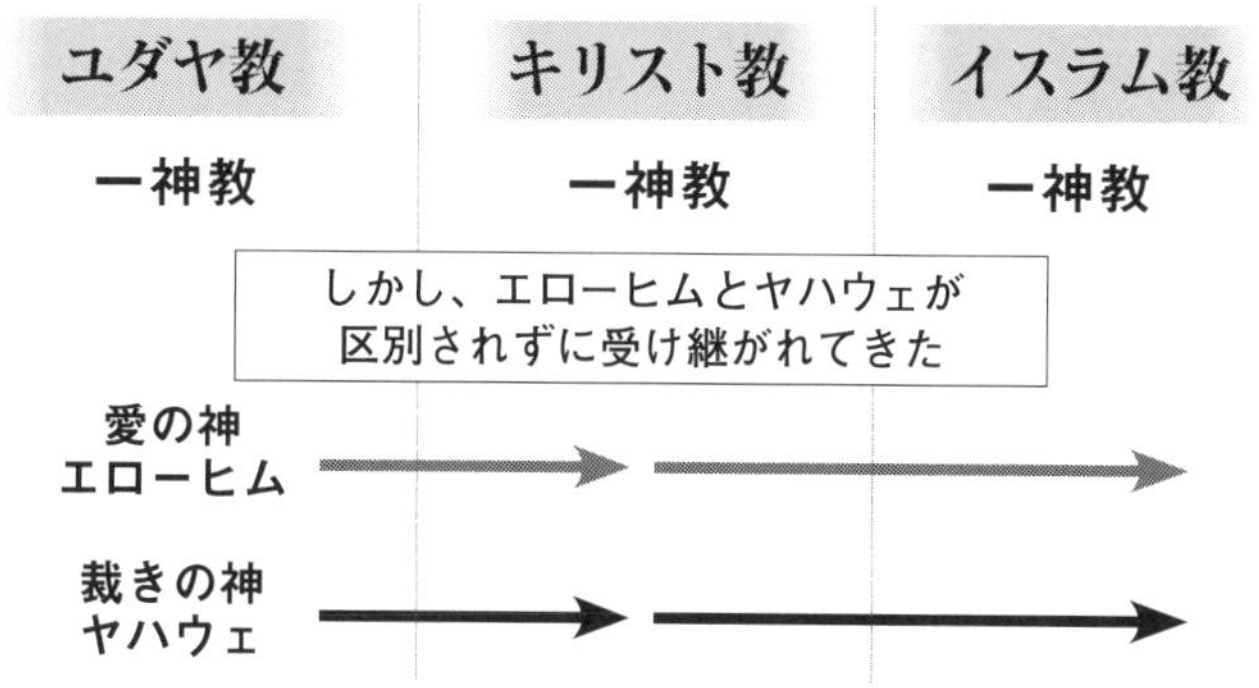

い」「自分自身を愛するように隣人を愛しなさい」(レビ記9章5節)と導く愛の神。

キリスト教では旧約聖書も正典なので、ヤハウェの〝思想〟を受け継いでしまっている。

コーランもヤハウェの影響が強く、「多神教徒どもを見つけ次第殺せ」(9章5節)などと、異教徒の殲滅を命じる箇所がある。

3つの宗教の対立・紛争は、ヤハウェの激しい戦闘性や復讐心に原因がある。その意味で、3つの宗教とも宗教改革が必要だ。憎しみを強調するヤハウェの影響を取り除き、愛の神エローヒムにどうやったら一本化できるだろうか。

大川総裁は著書『不滅の法』でこう指摘している。

「しかし、私は、『そういう対立は、宗教によって起きているのではなく、宗教の本来の姿や意味が理解されていないがために、すなわち、人間の認識力の狭さゆえに起きているのだ。また、宗教について、人間が自分たち中心の理解をしているために、そうした違いが生じているのだ』と述べたいのです」

「いろいろなかたちの文明があったでしょう。いろいろなかたちの宗教があったでしょう。その違いばかりを強調するのは、間違いを含んだ考えです。その違いを考えるよりも、その中に流れている『一本の黄金の道』を、どうか見抜いていただきたいのです。そして、地球レベルで人々を導こうとしているものの存在を、その教えを、感じ取っていただきたいのです」

大川総裁は、3つの宗教の創始を天上界から導いた至高神（エローヒム、アッラー）としての自覚を持ち、その秘された本来の名がエル・カンターレであることを明らかにした。

愛の神という「一本の黄金の道」を選び取る宗教改革が、世界規模で始まっている。これが、ユダヤ・キリスト教とイスラム教の千数百年にわたる宗教対立を解消する大きなカギを握っている。

多神教的価値観と至高神への信仰

日本をモデルにした「トルコ革命」のような政治改革（政教分離）。植民地主義を克服するため、近代国家を立ち上げる。「愛の神」への信仰に一本化する宗教改革。これらが中東の憎しみの連鎖を解いていくための解決策だ。

日本人として知っておかなければならないのは、これらはどれも、日本に深く関係しているということだ。

1996年に『文明の衝突』を著して、9・11テロやその後の対テロ戦争を〝予言〟した国際政治学者のハンティントンは、2002年に出版した『引き裂かれる世界』で、日本についてこう述べた。

「アラブの観点から見ると、日本は西欧ではなく、キリスト教でもなく、地域的に近い帝国主義者でもないため、西欧に対するような悪感情がない。イスラムと非イスラムの対立の中では、結果として日本は独立した調停者としての役割を果たせるユニークな位置にある。また、両方の側から受け入れられやすい平和維持軍を準備でき、対立解消のために、経済資源を使って少なくともささやかな奨励金を用意できる好位置にもある。ひと言で言えば、世界は日本に文明の衝突を調停する大きな機会をもたらしているのだ」

日本という国は、「宗教文明の衝突」を仲裁できるユニークな位置にいる。

トランプ大統領が「アメリカを再び偉大な国にする」という目標を達成できたとしても、中東との対立・紛争は簡単には収まらないだろう。そこで日本の出番だ。

大川総裁は『救世の法』で、日本の役割について次のように述べている。

「幸福の科学の教えを浸透させていって、キリスト教とイスラム教の戦いが、本格的な最終戦争にならないようにしながら、じわじわと、新しい時代の宗

教を築いていきたいと考えています。

その根本精神になるものは何かというと、やはり、『多様な価値観を融合させながらも、信仰心は捨てない』という日本的な考え方です。

『天上界には、神格、つまり高級神霊としての格を持った人が大勢いる』ということが事実です。（中略）ただ、『神に格の違いがある』ということも事実であり、私は、『エル・カンターレが地球の至高神である』という考え方を述べています」

多神教的価値観と、愛の神である至高神への信仰――。この寛容な信仰観によって、宗教融和、世界平和が実現できる。

イスラム教圏を改革するよう導き、イスラム教国とキリスト教国とを仲裁する。

この「使命（ミッション）」を日本人は受け止められるだろうか。

第7章のポイント

1
宗教対立や人権侵害など、イスラム圏内の問題を解決するには、信教の自由の確立と政教分離が必要。

2
キリスト教国との対立を克服するには、中東各国の近代化と宗教改革が必要。

3
日本には、イスラム教国とキリスト教国の対立を仲裁する使命がある。

【主な参考文献】

小室直樹著『日本人のためのイスラム原論』(集英社インターナショナル)
ジョン・エスポジト著『イスラーム世界の基礎知識』(原書房)
大川隆法著『イラク戦争は正しかったか』(幸福の科学出版)
大川隆法著『正義の法』(幸福の科学出版)
三浦伸昭著『アタチュルク』(文芸社)
ロレッタ・ナポリオーニ著『イスラム国――テロリストが国家をつくる時』(文藝春秋)
アブドルバーリ・アトワーン著『イスラーム国』(集英社インターナショナル)
池内恵著『イスラーム国の衝撃』(文藝春秋)
大川裕太著『幸福実現党テーマ別政策集1「宗教立国」』(幸福実現党)
大川隆法著『不滅の法』(幸福の科学出版)
サミュエル・ハンチントン著『文明の衝突』(集英社)
大川隆法著『救世の法』(幸福の科学出版)

第８章

宗教対立を解決する「許し」の原理

――憎しみを捨て、愛を取れ

復讐の連鎖を断つ「許しの力」

「中東にいるたくさんのキリスト教徒は処刑されてきた。このような恐ろしいことが続くのは許せない」

(Christians in the Middle-East have been executed in large numbers. We cannot allow this horror to continue!)

トランプ大統領は、難民の受け入れ停止やイランなどからの入国制限を発表した２０１７年１月末の同じ日、キリスト教とイスラム教の対立を煽《あお》るかのような書き込みを自身のツイッターに行った。

しかし、宗教融和のためには、憎しみを説く神の影響を排し、「愛の神」への信仰に一本化していかなければならない。この「憎しみを捨て、愛を取れ」という考え方は、これからの国際政治を考えるうえで欠かせない。

前章で検討したイスラム圏をめぐる問題とその解決法は、以下の通りだ。

①まず、政治改革によって政教分離をし、信教の自由を浸透させる。それによってイスラムの教えと経済活動などを切り離し、宗派対立や国民への抑圧を終わらせる。

②次に、欧米の植民地主義を克服するため、近代国家を立ち上げる。

③最終的に、宗教改革によってキリスト教・ユダヤ教との宗教対立を終わらせる。

このように、中東での憎しみを消し込む道は、ある程度描くことはできる。ただ、数千年にもわたる憎しみを解きほぐさないといけないので、「言うは易く、行うは難し」だ。

20世紀の政治哲学者ハンナ・アーレントは、人間集団が復讐の連鎖から抜け出すためには、「許しの力」が欠かせないと指摘した。

アーレントは、人間は一人ひとりが唯一の存在であり、地上で生きる過程で新しい価値が世界に持ち込まれることに幸福を感じると述べている。人間はこの世に生きた証を後世に遺すという「活動」の中で幸福感を味わえるという考え方だ。

また、アーレントは、人間は予想を超えたことや不可能なことでもなし得るとして、「『活動』は人間の奇蹟創造能力である」と語っていた。

しかし人間は他者との相克が避けられない。間違いや罪を犯し、人に害を与えることがないという人間はいない。そのまま放置すれば、人間同士の憎しみが膨らみ、復讐が延々と続いてしまう。

人間関係が憎しみと復讐《ふくしゅう》の関係だけになってしまうなら、幸福への道は閉ざされる。

アーレントは、これを回避するには「許しと放免が必要であり、人びとを、彼らが知らずに行った行為から絶えず赦免しなければならない」と説いた。そして、「人間は、常に自ら進んで自分の心を変え、ふたたび出発点に戻ることによってのみ、なにか新しいことを始める大き

「許しの力」を強調した
ハンナ・アーレント。

な力を与えられるのである。この点で、許しは復讐の対極に立つ」と強調した（主著『人間の条件』より）。

「許し」によって人類は復讐から自由になり、何度でも再出発することができる。ナチスによる迫害を経験したユダヤ人哲学者の思想として、傾聴に値する言葉だろう。

リンカンとガンジーの「許し」

実際に、歴史上、憎しみや復讐を乗り越えたケースはどれも、「許しの力」が不可欠だった。

奴隷解放で有名なリンカン米大統領は、南北戦争のさなか、敵である南部に同情的な発言をしたところ、それを聞いていた婦人に「どうし

アブラハム・リンカン
第16代大統領。

てそんなことを言うのか」と問いただされた。それに対してリンカンは「敵を友に変えたら、それは敵を滅ぼしたことになりませんか」と答えた。イエス・キリストの「汝の敵を愛せよ」という教えを徹底的に実践したからこそ、リンカンは分裂しかかった国を再び一つにまとめることができた。

イエスは「汝の敵を愛し、自分を迫害する者のために祈れ」（「マタイによる福音書」5章44節）と説き、人の罪に対しては「七の七十倍までも赦しなさい」（同18章22節）とまで語っている。アメリカが「再出発」を果たすことができたのは、この教えをリンカンが命がけで実践したからだ。

アーレントは、「許しを説くイエスの教えに含まれている自由というのは、復讐からの自由である」と述べている（『人間の条件』より）。

非暴力運動によってイギリスの植民地からインドを独立へと導いたガンジーは、「イギリス人

インド独立の父、
マハトマ・ガンジー。

が敵なのではありません。彼らの考え方が敵であり、問題さえ解決すれば、必ず良き友人になれます」と語っていた。

ガンジーの非暴力主義は、ヒンズー教の不殺生の教えと、キリスト教の「許し」の教えに基づくものだという。インドの人種差別と植民地支配に対する戦いでは、ガンジーの「許し」の精神が平和裏の勝利をもたらしたのだ。

「愛は敵を友に変える唯一の手段」

1950～60年代、アメリカ公民権運動の指導者キング牧師は、ガンジーの非暴力主義にならい、黒人解放を成し遂げた。

キング牧師は、教会が爆弾で壊され、子供たちが暴力事件に巻き込まれるという悲劇のさな

キング牧師も「許し」を訴えた。

かにあった1963年、説教で以下のように語りかけている。やや長くなるが引用しておきたい。

「『敵をも愛する』ことこそ、世界の諸問題を解決するカギです。(中略) 人を赦す行為は、虐待された者、損害を受けた者、不正を受けた者、虐げられた者から、始められなければなりません」

「私たちは現代世界にあって、敵を愛さなければいけないほど、大きな行き詰まりに直面していないでしょうか。憎しみは憎しみを生み、戦争はより大きな戦争を生む悪循環が起こっています。これは『敵を愛する』ことによって、断ち切らなければなりません。そうでなければ、私たちはいずれ、絶滅という暗黒の奈落の底へ落ちていくに違いないのです」

「『なぜ私たちが自分の敵を愛すべきなのか』という第三の理由は、愛は敵を友に変え得る唯一の手段だからです。(中略) 憎しみは、そもそもその本質からして、破壊と分裂をもたらします。一方、愛はその本質からして、創造し、建設します。

愛はその贖罪的な力によって、敵を友に変え得るのです」

「人種的不正義という暗黒は、ただ赦しの愛の光によってのみ追い払われるのです。(中略)私たちは、愛する権利と義務を放棄してはなりません。人種差別を嫌悪しつつ、一方では人種差別主義に陥っている人々を愛するのです。このことこそ、愛に満ちた社会を築く唯一の道なのです」

「私たちは、私たちに悪事をもって挑んでくる敵対者に対して、次のように宣言しましょう。私たちは苦難を負わせるあなたがたの力に対し、苦難に耐える私たちの力をもって対抗します。あなたがたは、私たちにしたいことをすればよいのです。私たちは、あなたがたを愛します」

「愛の創造的な力は、人類の平和と安全を確保する、最も強力な手段となるものです」

「許し」を社会変革の力に

南アフリカのアパルトヘイト（人種隔離政策）と闘い続けたネルソン・マンデラも、「許し」の人だった。

27年間の投獄の後、1994年に初の黒人大統領に就任したマンデラは、白人を憎悪し復讐心を燃やす黒人たちを説得し、白人が過去の犯罪行為や人権侵害をすべて告白すれば罪に問わないことを決め、実行した。その信念は、キリスト教信仰に基づくものだった。

中東での紛争の泥沼状態を見ていると、絶望しそうにもなる。しかし、アーレントの説く「許し」を、個人的な人間関係だけではなく、社会を変革する力にまで高められる人物が登場することによって、憎しみの連鎖に終止符

ネルソン・マンデラ元南アフリカ大統領。
Alessia Pierdomenico / Shutterstock.com

を打つことができる。

イエスの説いた「汝の敵を愛せよ」という許しの教えは、どんな人も神が創られた神の子であるという思想だ。それは、転生輪廻の教えをもとにした仏教の「許し」にも通ずる。

幸福の科学の大川隆法総裁は、法話「『太陽の法』入門」で、人を許す境地についてこう述べている。

「この境地に至るためには、基本的に、『それぞれの人間には、仏の性質としての「仏性」、別の言葉で言えば、神の性質としての「神性」が宿っている』ということに目覚める必要があります。

そうすると、『自分と同じく、仏性、神性を持っている人たち、つまり、努力することによって悟りを得られる可能性を持つ人たちが、同時代に、この地上に生まれて、魂修行をしているのだ。みな、いろいろな苦難・困難のなか、

ハンディのなか、障害のなかを、苦労しながら努力して、魂修行をしている仲間なのだ』というところまで分かるようになってきます。

あるいは、『天上界において魂として存在していたものが、同時代に、肉体を持って生まれ、一緒に生きている。そして、いずれ、あの世に去っていくのだ』という気持ちになります」

（『はじめての信仰生活』所収）

人はみな大きな転生輪廻の枠組みのなかで魂修行をしている仲間であるという観点を持ったとき、「許し」の心が生まれてくる。

戦後日本のアメリカに対する「許し」

日本の先の戦争もまた、欧米による人種差別と植民地支配に対する戦いだった。アメリカに敗れたとはいえ、戦前は50カ国程度だった世界の独立国が、戦後は190カ国以上になったことから見れば、先の戦争がアジア・アフリカの解放戦争であったことは明らかだ。

日本はほとんどの大都市が米軍による空襲を受け、広島・長崎では原爆が落とされた。数十万人にのぼる民間人の犠牲者を出した人類史上有数のジェノサイドだったが、戦後の日本人は、アメリカに対し恨みを持ち続けることはなかった。むしろ、アメリカのような豊かな国になるために努力し、それを成し遂げた。

中東のある国のイスラム教徒は、戦後の日本の歩みについてこう指摘する。

「戦後の日本は、憎しみに対して憎しみで応えませんでした。（原爆を落としたアメリカの）トルーマン大統領は日本人を〝動物〟扱いし、数限りない日本人の血が流れました。しかし日本は、今のイスラム教の国々とは違い、アメリカに対して憎しみを向けず、日本の発展のために努力し、経済大国になりました。イスラムの国々は日本から学ぶべきものがあると思います」

「許し」の力という点では、戦後の日本もイスラム圏にとって一つの見本となる。

「許しの力」と「約束を守る力」

アーレントは、過去になされた行為を元の状態に戻すことはできないが（不可逆性）、人間は「許し」によって新しい何かを「始める」ことができると語っていた。彼女はまた、人間の未来は不確実でどうなるか分からないという「予言不可能性」にも触れていた。

「不可逆性」から人間を救うのが「許し」だ。一方、未来に何が起こるか分からないために人間が立ちすくんでしまうという「予言不可能性」から救うのは、「約束をし、それを守る力」だとした。

ここで言う「約束」とは、「自分たちの未来を自分たちで決めるため、政治参加できる共同体を創り出す」ことだ。アーレントが「自由の創設」として高く評価していたアメリカの独立宣言や憲法制定がそれにあたる。

前章で述べたトルコのアタチュルクが「トルコ革命」で、新しい憲法や政治体制をつくり、国民が自分たちで未来を開いていけるようにしたのは、まさに「約束をし、それを守る力」によるものだった。

神の裁きを恐れるイスラム教徒への「許し」

「許しの力」に話を戻すと、この「許し」は、イスラム圏の人々が「新しい何かを始める」ために不可欠だ。憎しみと復讐の関係を解消するだけでなく、一個人にも救いをもたらす。

イスラム教徒の多くは、「アッラーは教えや戒律に従わない者に厳しく、そうした者は地獄で永遠に拷問《ごうもん》され、その苦しみには終わりがない」と教えられているという。神の裁きや罰に対する恐怖心から礼拝や断食などの宗教行為をしているイスラム教徒は、まさに愛の神の「許し」を待ち望んでいる。

アッラーについて「裁きの神」であると考え、「愛の神」「許しの神」の面が弱いととらえられているからこそ、教えを守らないイスラム教徒に厳しく、他宗教にも非寛容なのではないか。

前章で述べたが、ユダヤ教およびキリスト教、イスラム教で信仰されている神（それぞれエローヒム、天なる父、アッラー）の秘された名はエル・カンターレであり、現在、幸福の科学の大川隆法総裁として地上に生まれ、愛と寛容の教えを説いている。

幸福の科学の教えに出会ったイスラム教徒の心の中で、すでにイスラム教の宗教改革は始まっているようだ。改宗したら死刑になる中東のあるイスラム教国の20代男性は語る。

「私は、アッラーとエローヒムは、エル・カンターレと実は同じだと聞いてとても驚きました。そして、真実の愛の教えがどのようなものかよく理解できました。私はエル・カンターレの教えが真実の神の教えであることを学べて、とてもうれしいです」

マレーシア生まれのある女性は、「幸福の科学に出会って、許しがあるということを学び、神への恐怖を、神への愛に置き換えることができました」と話す。

また、シンガポールに住むイスラム教徒の男性（30代）は言う。

「創造主は名前が何であれ、同じということです。イスラム教もキリスト教も一つの根源から生まれてきており、私たちは一つであることを伝えなければなりません。イスラム教国にも幸福の科学の教えが真実であるということを伝えられます」

大川総裁は著書『智慧の法』で、至高神エル・カンターレの役割について、こう述べた。

「イスラム教、ユダヤ教、キリスト教、仏教といった宗教の違い、あるいは、その他のさまざまな思想・信条の違いによって、この世的に憎しみ合いが生まれています。しかし、そのようなものをなくすのが、エル・カンターレの

使命なのです。

幸福の科学では、『エル・カンターレとは、さまざまな世界的宗教を導いてきた存在である』と説明していますが、普通の日本人の常識から考えるならば、『それはそれは途方もない夢想であり、空想であり、あるべきことではなく、学問的に認められることではない』というのが、括弧《かっこ》付きの〝常識〟でしょう。

しかし、イエスが語ったように、その〝果実〟がどうであるかを見れば、その〝木〟がよい〝木〟であるかどうかは分かります」

その〝果実〟がすでに中東のイスラム教徒の心の中で生まれている。

100年以上にわたるイスラム改革の始まり

「憎しみを捨て、愛を取る」という決意がなければ、中東をはじめ世界に平和が訪れることはない。大川総裁は、世界のイスラム教徒やキリスト教徒にそれを訴えている。


「キリスト教の世界に生きている人たちよ。

私が、『天なる父』として、イエス・キリストを通じて説いた教えは、愛と平和であったはずである。

今のキリスト教国の人たちは、愛と平和の教えをもとにして、生き、行動しているか。

もし、そうでないならば、反省しなさい。

イスラム教国の人たちにも申し上げたい。

私が、ムハンマドを通じて伝えた教えは、平和と寛容の教えであったはずだ。

今、あなたがたがやっていることは何であるか。

神の名の下に、世界中でテロ行為を起こし、罪のない人たちを巻き添えにしている。
そこに、いったい、いかなる人類の幸福があるのか。
それは単なる復讐であり、憎しみであり、報復であるはずだ。
憎しみによって、憎しみを止めることはできない。
憎しみの連鎖は、愛によって断ち切らなければ、終わることがない」
（『国家の気概』より）

今後100年以上かかるであろうイスラム圏の改革、そしてキリスト教の改革は、始まったばかりだ。

第8章のポイント

1

復讐の連鎖を断つためには「許し」が必要。

2

リンカンやガンジー、キング牧師、マンデラも「許し」を実践してきた。戦後の日本もアメリカを許し、経済大国となった。

3

イスラム圏の改革にも、「許し」によって「憎しみを捨て、愛を取る」ことが必要となる。

【主な参考文献】

ハンナ・アレント著『人間の条件』（筑摩書房）
マーティン・ルーサー・キング著『汝の敵を愛せよ』（新教出版社）
大川隆法著『初めての信仰生活』（幸福の科学出版）
大川隆法著『智慧の法』（幸福の科学出版）
大川隆法著『国家の気概』（幸福の科学出版）

第9章

世界平和を創る3つの条件

――日米で200〜300年の繁栄の実現を

まともに機能していない国連

２０１０年代に入って、世界各地で平和と安定を突き崩す紛争が次々と起こっているが、平和の維持を目的とする国連に出番が回ってくることはまずない。

中東では２０１１年３月からシリア内戦が始まり、その混乱の中から「イスラム国」が現われた。シリア内戦は、ロシアやトルコ、イランの仲介でようやく停戦に至ろうとしているが、国連は関係していない。

アジアでは南シナ海で、２０１３年から中国が岩礁で埋め立てを始め、〝自国領土〟を着々と拡張している。これに対し、国連はまったくの無力だ。

「国連は大きな潜在力があるのに、今は人々が集まって話し、楽しい時間を過ごすためのクラブにすぎない。嘆かわしい！」

（The United Nations has such great potential but right now it is just a club for people to get together, talk and have a good time. So sad!)

トランプ米大統領は就任前の２０１６年12月、こうツイッターに書き込み、国連の機能不全を指摘した。

日本が国連に加盟したのは、１９５６年12月。ちょうど２０１６年12月で60年を迎えた。創設は１９４５年で、２０１５年の戦後70年で、同じく創設70年となった。

これだけ長い歴史がありながら、国連がまともに機能したことはほとんどない。冷戦時代も米ソの対立で国連は機能停止してしまっていたが、冷戦後はそれがさらに強まっている。

第二次大戦のような大戦争を防ぐために設立された国連は、もう平和とは縁遠い存在となっているのかもしれない。

国連は2015年、創立70年を迎えた。

日本は今も世界の「敵国」なのか？

そもそも国連は「公正中立な平和の殿堂」として生まれたわけではなかった。国連憲章が原加盟国によって合意・署名されたのが1945年6月。日本が降伏した同年8月以前に国連はすでにできていた。

それもそのはず、国連は日本やドイツと戦った「連合国」という軍事同盟そのもの。英語名は同じ「United Nations」だ。日本降伏後は、アメリカ、イギリス、ソ連、中国、フランスの常任理事国5カ国で、世界をコントロールしようという狙いがあった。

連合国（イコール国連）の中心であるアメリカは日本に原爆を落とした国なので、本当は、日本にとっては恐ろしい組織だ。

実際、国連憲章はいまだに日本やドイツを「敵国」と定めている。その条項に基づけば、日本やドイツが不穏な行動を見せたと中国など（国連加盟国）が判断すれば、いつでも自由に武力攻撃してよいことになっている。

幸福の科学の大川隆法総裁は著書『危機に立つ日本』で、こう指摘している。

「世界第二の経済大国になって、まだ、国連頼みやアメリカ頼みで、すべてを委ね、自分たちでは何も考えない。判断しない。善悪について考えることもできない。正義について語ることもできない。他国が悪を犯したときに、それについて、コメントすることさえできない。この状態は、まことに、まことに、『この国が植民地になる以前に、精神的に植民地のままにある』ということを意味しているのです」

戦後70年を過ぎ、もういい加減、「自分の国を守ることができない国」、あるいは「国連の敵国」という位置づけを脱し、日本が世界の平和と正義の担い手となりたいものだ。

「勢力均衡」「相互利益」「共通の価値観」のバランス

ひと口に「平和」と言っても、どうやって創り出していったらいいのか。それに明確な答えを出した人はいないかもしれない。

古代ギリシャの哲学者プラトンは、軍人、商人、哲人政治家によって理想国家がつくられると考えた。軍人の「勇気」、商人の「節制」、哲人政治家の「知恵」というそれぞれの徳がバランスよく組み合わさって「正義」ある国家が完成し、国民が幸福になるという考え方だ。

国際政治学では、これを国家間の関係にも応用して「平和」を構想してゆく考え方がある。つまり、「軍事的な勢力均衡（バランス・オブ・パワー）」「相互利益」「共通の価値観」の3つがうまくバランスするとき、平和が形づくられる

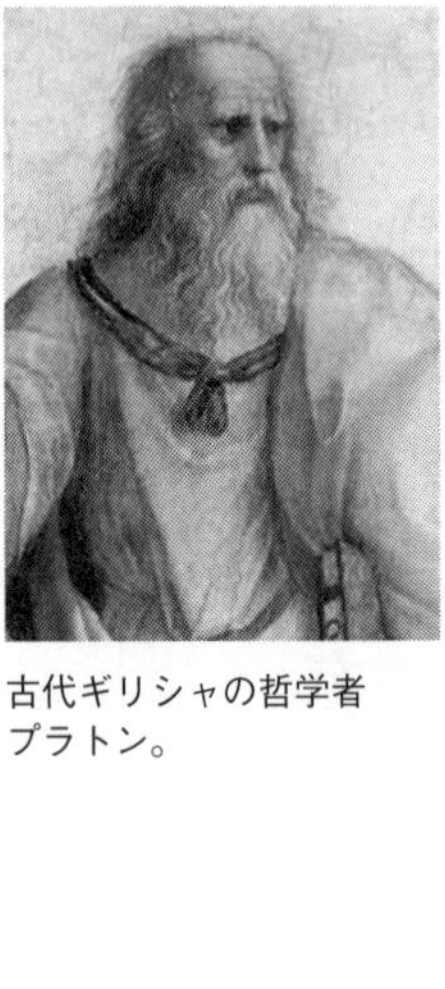

古代ギリシャの哲学者
プラトン。

という説だ。

ヨーロッパの国際政治を例にとれば、以下のようになる。

17世紀前半のヨーロッパは、宗教戦争に明け暮れていた。やがて、ドイツ三十年戦争の幕を閉じた1648年のウェストファリア条約後、フランスのブルボン家とオーストリアのハプスブルク家の二大勢力を中心に「軍事的な勢力均衡」が成り立つようになる。この時期、活躍したのはフランスの外交官を務めたリシュリュー枢機卿で、ハプスブルク家のヨーロッパ支配を阻止し、国益を最大限追求しようとした。

世界のバランス・オブ・パワーはどう動いてきたか

1600年代〜1700年代	宗教戦争から、仏墺などによる勢力均衡へ
1800年代	ナポレオン戦争後の仏墺英露プロイセンの5大国による勢力均衡 (「相互利益」と「共通の価値観」が安定をもたらした)
1900年代前半	新興国の米独日ソが勢力均衡を崩した
1900年代後半	米ソ冷戦による勢力均衡
2000年代	米中やイスラム圏の「文明の衝突」の時代

二大勢力の対立軸に、1700年ごろからイギリスも関わった。イギリスは二大勢力のどちらかが強くなればその反対側に味方する、「バランス・オブ・パワー外交」の狡猾さを身につけ、その後200年間かけて磨き上げていった。

18世紀半ばには、フランス、オーストリア、イギリス、ロシア、プロイセンの5大国による国際秩序ができあがった。これは、リシュリュー以降、強大化したフランスを封じ込めようという周辺国の動きから生まれた。しかし、

1814年の
ウィーン会議時点のヨーロッパ

すでに単なる勢力均衡ではなくなっていた。各国間の商業取引が発展しつつあり、「相互利益」も働くようになっていたのだ。

ナポレオン戦争後のヨーロッパの100年の平和

フランス革命とナポレオン戦争後の戦後処理を行った1814年のウィーン会議以降は、「勢力均衡」「相互利益」に「共通の価値観」が加わったとされる。

5大国はいずれも君主制国家で、外交官のほとんどが貴族だった。王制を倒したフランス革命とナポレオン帝政への警戒から、「君主制を守るために国際秩序を維持しなければならない」という基本的な合意ができた。ウィーン会議の中心人物はオーストリアのメッテルニッヒ外相で、「君主制を守り続ける」という意思をしっかりと制度化し、ヨーロッパの協調体制をつくり上げた。

ウィーン会議の最重要ポイントは、ヨーロッパ中で暴れ回ったフランスに対して、賠償金を課したり領土を減らしたりすることなく、国家間の協調体制の中に組み入れたことだ。ナポレオンを流刑にし、ブルボン王朝が復帰した後は、何事もなかったかのように扱った。これでまた、フランス、オーストリア、イギリス、ロシア、プロイセンの5大国によるバランス・オブ・パワーが復活した。

その後、フランスに何かしら侵略的な動きが見られたら、小さなうちに摘み取るということが繰り返され、その結果、ヨーロッパは約100年間、1853～56年のクリミア戦争を除いて、長い平和と繁栄の時代を享受した（ただしこの時期、アジアやアフリカは、産業革命でさらに強大化した欧米によって植民地支配が強化された）。クリミア戦争勃発はメッテルニッヒ失脚の5年後だったが、それを考えると、メッテルニッヒがいかにヨーロッパの同盟関係を精緻《せいち》に、細心の注意で組み上げていたかが分かる。

国際政治学者で米国務長官も務めたヘンリー・キッシンジャーは、このウィーン体制下の平和について、主著『外交』でこう述べている。

「最も重要な理由は、大陸の諸国が同じ価値観を持つという点でお互いに結びつけられていたことである。単に力の均衡であっただけでなく、道徳的な均衡も存在していたのである。バランス・オブ・パワーは武力を用いる機会を減らし、共通の価値観は武力を使おうという意思を減じた」

しかし19世紀後半、「100年の平和」を壊したのは、台頭した新興国ドイツだった。ドイツ統一を果たした宰相ビスマルクは国力増強を優先し、対外的には抑制的だったが、後継者たちがドイツの力を持て余した。「共通の価値観」は歯止めにならず、「勢力均衡」が崩れ、約2千万人の犠牲者を出した第一次大戦になだれこんでいった。

1648年のウェストファリア体制以降のバランス・オブ・パワーの時代は終わりを迎えた。国家がさほどのためらいなく力を行使する帝国主義の時代、国家の生き残りが難しいパワー・ポリティクスの時代に突入した。

リアリズムで考える平和

ここで、国際政治学において「平和」がどう扱われているかについて触れておきたい。

国際政治学では、「勢力均衡」「相互利益」「共通の価値観」をそれぞれ重視する学派がある。

「勢力均衡」を重視するのは、「リアリズム」と呼ばれる学派で、戦後、ソ連の封じ込めを構想したジョージ・ケナンや先述のキッシンジャーなどが有名だ。古くは、古代ギリシャの歴史家トゥキュディデスや、ルネサンス期イタリアの政治思想家ニッコロ・マキャベリもこの系譜の中にある。

―国際政治の二大潮流―

【リアリズム】

N・マキャベリ

G・ケナン

H・キッシンジャー

H・モーゲンソー　…etc

【リベラリズム】

I・カント

R・コブデン

W・ウィルソン

…etc

リアリズムでは、世界は力と恐怖が支配しており、そのアナーキーな世界をどう生き残るかを最優先に考える。頼りになるのは自分の国だけで、同盟関係もその都度利用するものに過ぎない。「今日の友は明日の敵」という割り切った世界観だ。

国家としての生き残りのために国同士のパワーをバランスさせることが重要で、ヨーロッパは1648年のウェストファリア体制以降250年間、ずっとこれでやってきた。その期間、ヨーロッパ大陸で「強きを挫き、弱きを助ける」という行動を一貫させたイギリスは、バランス・オブ・パワー外交のお手本だ。

アメリカが第二次大戦中と戦後で180度の方針転換をしたことは、日本にとって不可解なことだが、バランス・オブ・パワーの考え方からすっきり説明できる。第二次大戦中のアメリカは、ソ連と中国を助けつつ、ドイツと日本を徹底的に倒したが、戦後は西ドイツと日本を同盟国にしてソ連と中国を敵国として冷戦を戦った。この変わり身は、日本にしてみれば迷惑な話だが、自分の国にとって脅威になる強い国を、その次のポジションにいる強国と組んでたたき潰すということでは一貫している。

リベラリズムで考える平和

2つ目の「相互利益」は「リベラリズム」の中の一学派の考え方だ。18世紀のイギリスの哲学者・経済学者アダム・スミスは、人間が勝手に利益を追求したら、「見えざる手」によって世界が調和すると語った。この学派では、アダム・スミスの思想を国家間の関係性にも当てはめようとする。

19世紀のイギリスの政治家リチャード・コブデンが中心人物で、自由貿易を推し進め、政府の関与を限りなく少なくする「自由放任」を訴えた。今で言うなら、「中国も資本主義の下で豊かになれば、戦争をしなくなる」という楽観論になるだろう。

3つ目の「共通の価値観」もリベラリズムの一つで、『永遠平和のために』を書いた18世紀の哲学者カントや、国際連盟をつくったアメリカの大統領ウィルソンらが代表的だ。

リアリズムは「人間というのは愚かだから戦争を起こしてしまう」と考えるが、リベラリズムでは一般的に「人間が理性的になれば戦争は起こさないだろう」という立場に立つ。カントは、各国が常備軍を将来的に全廃し、国家が集まって国際組織をつくることを提唱した。アメリカ大統領ウィルソンが主導した国際連盟の源流となる思想だ。

通説とは異なるが、ここでは、欧米の人種差別・植民地支配と戦った日本をリベラリズムとして位置づけたい。一般的な見方では、戦前・戦中の日本は、軍国主義・覇権主義の権化であり、力に任せてアジアを侵略したとされている。しかし、その目的とするところは、欧米支配からのアジアの人々の解放にあった。アジアの解放を追求し過ぎて、アメリカ、ソ連、中国国民党といった周辺国のほとんどと敵対するという、バランス・オブ・パワーを無視するところまで突き進んでしまった。

国家の生き残りを最優先するリアリズムを無視するということは、すなわち国家が亡びることを意味する。実際、日本はわが身を捨てて、アジアを解放した。まさにリベラリズムの極致だったと言える。

リベラリズムを代表するウィルソン

国際政治の歴史に話を戻したい。

20世紀に入ると、非ヨーロッパ圏の新興国としてアメリカや日本が国際政治の舞台に登場してくる。

第一次大戦後、リベラリズムの代表選手であるアメリカの大統領ウィルソンは、ヨーロッパにおける権謀術数にまみれた「勢力均衡」は「汚い争い」だと一刀両断した。そして、「人類の議会」をつくれば世界は永久に平和になると考えた。アメリカ合衆国のように13州が集まって一つの国をつくれば、平和的な共同体ができるというわけだ。アメリカを真似すれば世界は理想社会になるという「超ポジティブ思考」と言える。各国も「アメリカが世界に責任を負うならば」とウィルソンの提案を歓迎した。

ところが、孤立主義の伝統が強かったアメリカ国民や議会はウィルソンに付いていけず、国連に入ることを拒否してしまった。この後、世界のバランス・オブ・パワーは雪崩のように崩れていく。

「勢力均衡」は19世紀のドイツの台頭ですでに崩れていたが、第一次大戦時のウィルソンによって、バランス・オブ・パワーの考え方そのものが否定された。「相互利益」については１９２９年からの世界恐慌でアメリカやイギリスがそれぞれブロック経済を形成し、自由貿易が壊されてしまった。

「共通の価値観」は、19世紀後半から20世紀にかけて台頭した３つの強国の間でバラバラだった。アメリカは民主主義を世界に広げると言いつつ、孤立主義のまま。ただ、いったん行動を起こすと帝国主義的に動いた。ドイツはナチスによって全体主義化し、周辺国を侵略した。日本は欧米の人種差別と植民地支配に異議を申し立て、行動に移した。さらに、そこに共産主義による世界革命を目指す軍事大国・ソ連が加わった。「共通の価値観」はまったく存在しなくなった。

ウィーン体制下で機能していた平和の条件がすべて消えたのが、第一次大戦から第二次大戦にいたる時代だったのだ。

第二次大戦は大きく見れば、ドイツとソ連という2つの陸軍大国同士と、アメリカと日本という2つの海軍大国同士の戦いだった。その〝準決勝〟を勝ち抜いたソ連とアメリカが戦後の1900年代後半、冷戦という〝決勝戦〟を戦うことになったと位置づけることもできる。

ただ、冷戦期はすでに核兵器の時代に突入しており、お互いに核戦争による壊滅的な被害を恐れるため、直接的な戦争にはならなかった。朝鮮戦争やベトナム戦争など代理戦争はあったものの、基本的には米ソの軍事力が「勢力均衡」した時代だった。

加えて、資本主義と共産主義の各陣営の内部で「相互利益」「共通の価値観」が成り立ち、半世紀にわたる不思議な安定が保たれた。

米ソ冷戦は、最後は経済力の争いになって、ソ連に東ドイツ、アメリカに西ドイツと日本が加勢した結果、アメリカ陣営の勝利となった。日本は今も先の大戦にからめて「敗戦国」として糾弾され続けているが、実際には直近の戦争である冷戦の立派な「戦勝国」だ。

21世紀は危険極まりない時代

では、21世紀の初めという今の時代、世界はどういう状態にあるのか。

冷戦が終わった1990年代以降、アメリカが単独で世界をコントロールする時代になるかと思われた。現にアメリカの政治学者フランシス・フクヤマは1992年、『歴史の終わり』を書き、アメリカの冷戦の勝利は民主主義の勝利であり、社会制度の最終形態であるとさえ主張した。そのため、「民主主義国同士は戦争をしないから、民主主義を広げ、世界を平和にしよう」というウィルソン的な使命感が再び強化された。

しかし、冷戦後のある種の熱狂から20年以上が経ち、アメリカはじりじりと後退を始めた。オバマ前大統領が「世界の警察官ではない」と宣言し、中東や東アジアの安定に積極的に関与することを嫌った。トランプ大統領は、米軍を再建しようとはしているが、財政赤字などのために「世界の警察官にはなれない」という内向きの姿勢も見せている。

これに対し、中国は「米軍を追い出してアジアを支配する」という計画を着実に進めている。また、欧米とイスラム過激派との戦争にも終わりが見えない。イスラム圏との戦争は、テロやゲリラとの戦争であるため消耗戦となる。この結果、東アジアと中東で「勢力均衡」が崩れ始めている。

「相互利益」に関しては、中国が仕掛けるアジアインフラ投資銀行（ＡＩＩＢ）や一帯一路構想によって、国際通貨基金（ＩＭＦ）や世界銀行などアメリカ中心の「相互利益」システムが挑戦を受け、ほころびが出ている。

「共通の価値観」にいたっては、国際政治学者ハンティントンが「これからは文明の衝突の時代だ」と予言したように、キリスト教圏とイスラム教圏、中華圏がそれぞれぶつかり合っている。

これらの分析は、現在が、第一次大戦・第二次大戦の時代に劣らず、危険極まりない時代であることを意味している。

前出のキッシンジャーも『外交』の中で、21世紀の国際システムがアメリカ、ヨーロッパ、中国、日本、ロシア、インドの6つの主要な大国によって形づくられるとしたうえで、こう述べている。

「同じくらいの規模の諸国間の、それぞれ異なる価値観と、非常に異なった歴史経験を調和させることは、アメリカにとって新しい経験となるであろう。（中略）他の主要なプレーヤー達も、この新たに生まれつつある世界秩序に順応する困難に直面している」

形のうえでは、ウィーン体制のようないくつかの強国によるバランス・オブ・パワーの時代になるが、それぞれ異なる価値観を持っており、世界秩序を創り出すのはこれまでよりもはるかに難しいと、国際政治学の大家であるキッシンジャーが語っているのだ。

①これからの「勢力均衡」策

本来であれば、国連のような国際機関が、何らかのイニシアチブをとって動かなければならないわけだが、その気配はない。

歴史に学ぶなら、「勢力均衡」「相互利益」「共通の価値観」のバランスをつくり出していく平和構想が必要だということになる。大川総裁はそれをすでに示している。

大川総裁は、英語説法を収録した著書『Power to the Future』でこう述べている。

「もし、国連がうまく機能すれば、彼らの正義が世界中に平和をつくり出すでしょうが、現在、国連は機能していません。ですから、世界は、『平和と正義』に関する新しい哲学を求めているのです。あえて申し上げますが、それは、幸福の科学にかかっています」

その平和構想の前提として、やはり世界最強のアメリカの存在は欠かせない。アメリカの軍事力、経済力、価値観を世界のためにどう生かしていくか。そこに日本の力をどう組み合わせていくか。

まず、東アジアにおける中国と日米との軍事的な「勢力均衡」を崩さないことが重要だ。しかしながら、アメリカの東アジアにおける対中戦略は、かなり腰の引けたものであることはすでに指摘した（第3、4章）。そのため、日本としては、中国の侵略的行動を抑止するだけの軍事力と法制度を整備する必要がある。

また、地理的に中国の背後にあり、核保有国でもあるインドおよびロシアとの同盟・協商も対中国の抑止力となる。台湾、オーストラリア、ベトナム、フィリピンなどとの幅広い軍事協力も、中国包囲網として機能する。アメリカから見て、「そこまで日本が頑張るなら助ける」と言わせなければならない。

なお、日本の核装備についてはすでに述べたので重なるが（第4章）、核兵器をアメリカなどと共同管理したり、日本として独自開発したりするなどの選択肢を持っておかなければならない。

②これからの「相互利益」システム

アメリカ主導の「相互利益」システムも、十分機能していない。アジアやアフリカは、道路や鉄道、電力など世界で最もインフラ整備が必要な地域であるにもかかわらず、アメリカは硬直したグローバル・スタンダードを押しつけ、各国に緊縮財政を強いてきたため、多くの途上国が中国のＡＩＩＢになびく結果を招いてしまった。

このアメリカ主導の「経済縮小」路線を転換させなければならない。短期的にてっとり早く稼ごうというアメリカ型のビジネスモデルを修正し、第2、6章で述べたような、じっくりと人材を育てて共生しつつ長期的に稼ごうという日本型のビジネスモデルに近づけるべきだ。アメリカがいくらか「日本化」することで、アメリカは世界の「相互利益」調整システムの中心に存在し続けることができるだろう。

日本はアメリカと協力しつつ、経済大国の立場相応にアジアやアフリカの途上国を助け、自立に導く役割を担う必要がある。また、移民の受け入れも日本の果たすべき役割の一つだ（第2章）。そのように、各国経済が少しずつ発展・拡大していってはじめて、１００億人時代を迎える人類に十分な仕事をつくりだし、食べさせていくことができる。

③これからの「共通の価値観」

これからの時代、「共通の価値観」は難しいものがある。

しかし、一人ひとりが幸福を追求でき、自分の国を自分たちの力でより良いものにしていくことが幸福であるという「自由と民主主義」は、中国やイスラム教圏の人たちにも必要なものだろう。中国には、信教の自由をはじめ思想の自由がない。共産党政府を批判しただけで牢屋に放り込まれるのでは、自由も何もあったものではない。

大川総裁は著書『未来の法』で、こう指摘している。

「中国は、経済において長らく好調な実績を残してきましたが、世界の人口の五分の一を占める人々を、無神論・唯物論、すなわち、『神などいない。この世しかない。物しかない』という思想で染め上げています。神は、これを許しません。

中国や北朝鮮の為政者に、『人間は神の子である』ということを分からせなければなりません。そして、そのことが分かったならば、国民に自由を与えなければならないのです。中国の民衆は敵ではありません。私たちの仲間です。彼らにも信仰の自由を与えるべきです。複数の考え方を持つ自由を与えるべきです。国家の政策に対して、『間違っている』と思うならば、それを批判する自由をも与えるべきです」

アメリカは試行錯誤しながらも、「自由と民主主義を世界に広げる」というウィルソン的使命に立ち戻る国だ。トランプ大統領も「アメリカ・ファースト

（America First）」を掲げながら、「アメリカを再び偉大な国に（Make America Great Again）」に向かうと考えられるので、ウィルソン的使命に回帰するだろう。そのとき、日米は共に世界の秩序づくりに努力することができる。

アメリカに必要な「寛容さ」

しかしながら、イスラム圏に対しては、アメリカはウィルソン的かつキリスト教的な使命感が強すぎて裏目に出ている。イスラム原理主義や過激派を「絶対悪」と見れば、対テロ戦争は永遠に終わらない。

現在のイスラム国との戦争でも、トランプ大統領のアメリカは、「殲滅」に向けて動き出している。イスラム国の戦闘員は住宅地に紛れ込んでいるため、民間人の犠牲者が多数出て、憎しみの連鎖が終わらなくなってしまっている。これをどこかで断ち切らなければならない。

　これはやはり、キリスト教が「自分たちの信仰以外はすべて悪魔の信仰」と考える傾向があるために、戦争が絶えない結果となってしまっているのだろう。日本も先の大戦では、「日本神道は原住民のアニミズム」と判断され、多大な被害をこうむった。

　アメリカには、かつてローマ帝国が戦争で破った異民族にも市民権を与えたような「寛容さ」が必要だ。

　寛容さが「パクス・ロマーナ（ローマの平和）」と呼ばれた平和と繁栄の理由であり、それこそが「パクス・アメリカーナ」が続いていくための最重要の要素となる。その寛容

ローマの繁栄の基礎には寛容の精神があった。

さは根本的には、「キリスト教とイスラム教は兄弟宗教であり、同じ至高神を信じている」という信仰観から出てくる。

大川総裁は一神教の問題点に触れてこう述べている。

「ユダヤ教やキリスト教、イスラム教などは、一神教を立て、『この神以外は偽物である』いう考えで伝道活動をしたわけです。その結果、かなりの成果をあげると同時に、憎しみをも世の中に広げることになったと思います。しかし、本当は、神は一人ではありません。神と言われてもいいような高級霊は、実は大勢います。もちろん、上の世界に行くほど数は少なくなっていき、最も尊い霊的存在として『至高神』がいるのです。これが真相です」

（『愛、自信、そして勇気』より）

日本は神道をベースにしながら、仏教、儒教、キリスト教を受け入れ、融和させてきた伝統がある。「神々がたくさんいて共存している」という価値観から、寛容さが生まれてくる。

ハンティントンは日本にキリスト教圏とイスラム教圏の「独立した調停者」の役割を期待した。日本は将来、「キリスト教圏とイスラム教圏との戦争は、いったん日本の調停を経なければ許されない」と宣言するぐらいの立場に立っても構わないだろう。

宗教的高みが世界秩序を創る

これらが、幸福の科学の掲げる「平和と正義」の構想の柱だ。

先述のウィーン体制下の「１００年の平和」をつくった「勢力均衡」「相互利益」「共通の価値観」のバランスと似ているが、違う部分も大きい。それは「価値観」が現状維持のための消極的なものではなく、人類を幸福にする積極的な思想であることだ。

つまり、日本を中心とする宗教的・精神的・文化的高みが世界秩序を創り出す発展性を秘めている。

大川総裁は20年以上前の1992年2月の法話「理想国家日本の条件」で、すでにこう指摘していた。


「世界に戦乱が多い理由の一つは、宗教の不統一ということもありましょう。特にイスラム教圏が戦争好きであること、またキリスト教国においても、寛容と許しはあるが、古代ユダヤ教以来の戦争好きの精神が流れているということ、これが宗教において戦争が絶えない理由の一つです。

これに対しては、日本に仏教的なる精神を中心とした精神的高揚をつくり、この仏教的精神を中心とした慈悲の世界、共生《ともい》きの世界を、全世界に広げていく必要があります。宗教の融和・統合、それが必要なのです」

「いま幸福の科学を中心として発信されていくこの理想の理念が、幸福の科学を中心として出されていく人間性のあり方が、宗教心が、そしてこの世界宗教こそが、最終的にこの地上から戦争をなくし、人びとがそれぞれの民族の個性を生かしながらユートピアを創っていく原理になるでしょう」

（『理想国家日本の条件』所収）

こうした平和構想を提案し、国連を改革していきたいものだ。日本が「敵国」というポジションにある現状は、馬鹿馬鹿しい話でしかない。

これらの提案が受け入れられないなら、日本やアメリカが主導して、新しい国際機関をつくってもいいだろう。アメリカのトランプ大統領とロシアのプーチン大統領が蜜月関係に入ろうとしている。米露が敵対関係でなくなるならば、冷戦以来の歴史的転換点となる。日本と米露が連携し、新しい世界秩序づくりに取り組みたいものだ。

日本政府として毎年行っている政府開発援助（ＯＤＡ）も、こうした構想の下で使われると、世界平和を創る現実の力になる。

なお、幸福の科学の平和構想については、大川総裁による「新・日本国憲法試案」の前文と第一条で、コンパクトな形でまとめられている。

〔前　文〕われら日本国国民は、神仏の心を心とし、日本と地球すべての平和と発展・繁栄を目指し、神の子、仏の子としての本質を人間の尊厳の根拠と定め、ここに新・日本国憲法を制定する。

〔第一条〕国民は、和を以て尊しとなし、争うことなきを旨とせよ。また、世界平和実現のため、積極的にその建設に努力せよ。

日米が協力し、「地球的繁栄」の実現を

今の日本人の多くは、戦後の教育やマスコミ報道の影響で、「日本はアジアの一小国」という意識を植えつけられてしまっている。しかし実際には、日本は19世紀の終わりから、世界有数の大国として世界の秩序をつくり続け、今に至っている。

1894年の日清戦争で、日本はイギリス、ロシアと並んで3大強国とされていた清に勝ち、アジア一の強国となった。1904年の日露戦争に勝ってからは、世界の大国の一角に入った。

1914年の第一次大戦後の強国は戦勝国のアメリカとイギリス、そして日本だった。世界の3大海軍国としてしのぎを削り、ここに1922年に成立したソ連がじわじわと国力を蓄え、追い上げてきていた。1940年ごろは、アメリカ、ソ連、ドイツ、日本が世界の4大パワーだった。

第二次大戦で日独が敗れ、勝ち残った米ソが戦後の冷戦を展開したが、いち早く復興した日本も西側陣営として冷戦の勝利に貢献した。

日本人は「日本は今まで120年以上、世界を動かす大国であり続けた」という認識を持つべきだろう。日本の発言や提言、それに基づく行動が世界を動かすという自覚が必要だ。

現代の日本を見ると、プラトンが語った「商人の徳」については世界で最も優れているかもしれない。一方で、「軍人の徳」や「哲人政治家の徳」は極端にえぐれて劣っている。自分で自分の国を守れないし、哲人政治家と言えるような人は今のところ見当たらない。

日本を世界の「平和と正義」の守護神とするために、武士道精神と哲人政治を復活させる政治勢力が求められている。それが世界史的に見た、幸福の科学と、大川総裁が創立した幸福実現党の役割ということになる。

アメリカのトランプ大統領は中長期的に、アメリカの覇権を復活させようとしている。米軍を増強し、同盟国にも応分の負担を求めることで、中国に対する新たな「勢力均衡」を形成しようとしているようだ。

同時に、十分機能していなかったアメリカ主導の「相互利益」のシステムも軌道修正されることになるだろう。

「トランプ革命」が実現する「共通の価値観」は、中国の覇権は許さないということだ。それを延長すれば、唯物論国家・中国の崩壊へと向かう。

幸福の科学と幸福実現党が目指す「勢力均衡」「相互利益」「共通の価値観」も、「トランプ革命」と重なる部分が多い。

大川総裁はトランプ氏当確の翌日に行った英語での法話「On Victry of Mr.Donald Trump」で、こう述べた。


「来年以降のアメリカや世界について予言するとするならば、来年以降、夜はよく眠れると思います。日米間の信頼関係が、再び〝世界のメイン・エンジン〟となるからです。アメリカと日本が持つ根本的価値観が今後も『世界基準』であり続け、これから8年間、共に繁栄することができるからです」

（『トランプ新大統領で世界はこう動く』所収）

日米が「共通の価値観」の下に協力し、２００年、３００年にわたる「地球的な繁栄」を実現させることが、日本とアメリカが果たすべきこれからの使命と言えるだろう。

第9章のポイント

1

国際政治学には「軍事的な勢力均衡」「相互利益」「共通の価値観」のバランスがうまくとれると平和が形づくられるという考え方がある。

2

21世紀初頭は、勢力均衡、相互利益、共通の価値観がそれぞれ崩れ、世界の平和にとって危険な時代を迎えている。

3

3つの要素をバランスさせる平和構想と宗教的な高みを示し、「地球的な繁栄」を実現させる使命が日本にはある。

【主な参考文献】
大川隆法著『危機に立つ日本』（幸福の科学出版）
ヘンリー・キッシンジャー著『外交〈上〉〈下〉』（日本経済新聞社）
高坂正堯著『国際政治』（中央公論新社）
細谷雄一著『国際秩序』（中央公論新社）
E・H・カー著『危機の二十年』（岩波書店）
ハンス・モーゲンソー著『国際政治』（福村出版）
カント著『永遠平和のために』（岩波書店）
大川隆法著『Power to the Future』（幸福の科学出版）
大川隆法著『未来の法』（幸福の科学出版）
大川隆法著『愛、自信、そして勇気』（宗教法人幸福の科学）
大川隆法著『理想国家日本の条件』（幸福の科学出版）
大川隆法著『新・日本国憲法試案』（幸福の科学出版）

あとがき

「宗教が戦争を引き起こす」ということが、現代では半ば「常識」となっています。

イスラム過激派によるテロや、イスラム教国とキリスト教国の紛争を見れば、そう考えてもやむを得ないところがあります。

しかし、本書で述べているのは、「宗教が平和と繁栄をつくる」ということです。地球全体に責任を負い、人類を導く神（至高神）が存在するならば、宗教戦争が続くことを望んでいるはずがありません。やはり、宗教が互いに対立するのではなく、平和裏に共存共栄することを望んでいるはずです。そして、人類一人ひとりを導こうとして、「世界への愛」を注いでいることでしょう。

宗教同士で争うのは、地上の人間の側が「地球を導く神」の考えを十分知らないこと、また、他の宗教について自分の立場からしか理解できないことに原因があります。

これまでの人類の歴史では、国ごと・地域ごとに宗教が興《おこ》され、各地を理想的なユートピア社会とする文明実験が行われてきました。そのなかでヨーロッパ、中東・アラブ、インド、中国、日本など、それぞれの国民性や民族性が形づくられてきました。

ただ、それがゆえに国家間、民族間の無理解と対立が深まっている面があります。人類は今、人口100億人へと向かいながらも、その大多数の人たちが世界各地で起こっていることを瞬時に知ることができる時代となっています。つまり、これまで国ごと・地域ごとに発展してきた時代から、地球が一つになって、より大きな繁栄をつくり出す時代を迎えています。

本書はその時代に、「地球を導く神」が何を各宗教・各国のリーダーたちに望んでいるかを探究したものと言えるかもしれません。また、その神の「世界への愛」

を具体的に理解しようとしていると言えるかもしれません。

至高神が存在し、今、地上に降り立ち、ワールド・ティーチャー（世界教師）として人類に大きな指針を示しています。神は生きており、沈黙していません。

本書からそれを感じていただきたいですし、参考文献で挙げた大川隆法・幸福の科学総裁の書籍からも読み取っていただければ幸いです。

新しい世界宗教こそ、地球的な平和と繁栄を実現する――。宗教を排除すればすべてうまくいくと考える「常識」が、まさに終わろうとしているのです。

2017年3月7日

月刊「ザ・リバティ」編集長　兼

ハッピー・サイエンス・ユニバーシティ　ビジティング・プロフェッサー

綾織次郎

著者＝綾織次郎（あやおり・じろう）

1968年生まれ。鹿児島県出身。一橋大学社会学部卒。産経新聞に入社後、政治部で首相官邸、自民党などを担当し、2001年に幸福の科学に奉職。「ザ・リバティ」編集部で主に政治、国際政治などの分野を担当。現在、幸福の科学常務理事兼「ザ・リバティ」編集長兼HSUビジティング・プロフェッサー。著書に『「奇跡」の日本近代史』（HSU出版会）、『GDPを1500兆円にする方法』（幸福の科学出版）などがある。HSUでは「現代国際政治論」などの講義を担当。

「日出づる国」日本のミッション

トランプ革命で神国《ニッポン》が目を覚ます

2017年3月29日　初版第1刷

著者　綾織次郎

発行者　佐藤直史

発行所　幸福の科学出版株式会社

〒107-0052　東京都港区赤坂2丁目10番14号
TEL（03）5573-7700
http://www.irhpress.co.jp/

印刷・製本　中央精版印刷株式会社

落丁・乱丁本はおとりかえいたします

ISBN978-4-86395-888-3 C0030

写真：ロイター／アフロ、Abaca／アフロ、Evan El-Amin / Shutterstock.com、glen photo / Shutterstock.com、AFP＝時事、提供：U.S. Navy/ アフロ、SPUTNIK/ 時事通信フォト、Avalon/ 時事通信フォト

大川隆法ベストセラーズ・国際政治を考える

繁栄への決断

「トランプ革命」と日本の「新しい選択」

トランプ大統領の誕生で、世界はどう変わり、日本はどうすべきか。「トランプ革命」を日本の繁栄のチャンスへと変える、国家の指針が示される。

1,500円

トランプ新大統領で世界はこう動く

日本とアメリカの信頼関係は、再び"世界の原動力"となる――。トランプ氏の勝利を2016年1月時点で明言した著者が示す2017年以降の世界の見取り図。

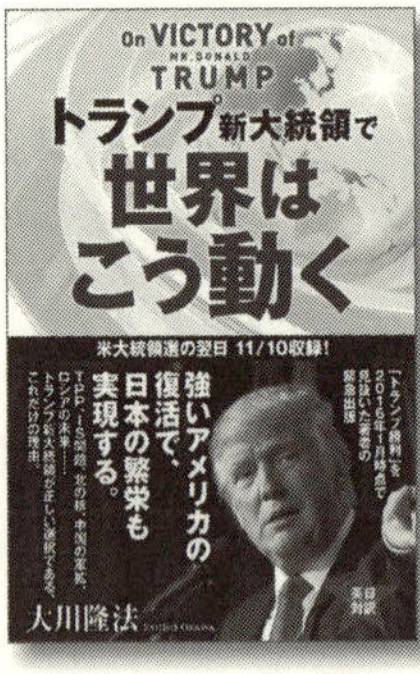

1,500円

国際政治を見る眼

世界秩序の新基準とは何か

イスラム国問題の本質とその運命とは?
反日的な中国・韓国にどう接すべきか?
いま、日本人が知るべき国際政治の論点とその打開策。

1,500円

※表示価格は本体価格(税別)です。

正義の法

憎しみを超えて、愛を取れ

テロ事件、中東紛争、中国の軍拡――。どうすれば世界から争いがなくなるのか。あらゆる価値観の対立を超える「正義」とは何かを指し示す。

2,000円

世界を導く日本の正義

『正義の法』特別講義編・第２弾。中国や北朝鮮に対し、「抑止力としての核装備」を含めた現実的な国防対策の必要性について言及。

1,500円

国際政治学の現在《いま》

世界潮流の分析と予測

大川隆法　大川裕太　共著

核なき世界は実現できるのか？　中国の軍拡やイスラム国のテロにどう立ち向かうべきか？　国際政治学の最新トピックスの「核心」を鋭く分析。

1,500円

幸福の科学出版

大川隆法霊言シリーズ・世界の政治指導者の本心

守護霊インタビュー
ドナルド・トランプ
アメリカ復活への戦略

アメリカ大統領選でトランプ氏が「泡沫候補」とされていた2016年1月に収録された、同氏の守護霊霊言。過激な発言の真意とは？

1,400円

アメリカ合衆国建国の父
ジョージ・ワシントン
の霊言

人種差別問題、経済政策、そして対中・対露戦略……。建国の父が語る「強いアメリカ」復活の条件とは？ トランプ氏の霊的秘密も明らかに！

1,400円

ロシアの本音
プーチン大統領守護霊 vs.
大川裕太 幸福の科学常務理事

2016年12月の日露首脳会談の翌日に行われたロシアのプーチン大統領の守護霊霊言。日露平和条約や米中との関係について、同氏の本音が見えてくる。

1,400円

※表示価格は本体価格（税別）です。

緊急・守護霊インタビュー
台湾新総統
蔡英文《さいえいぶん》の未来戦略

台湾新総統・蔡英文氏の守護霊が、アジアの平和と安定のために必要な「未来構想」を語る。アメリカが取るべき進路、日本が打つべき一手とは？

1,400円

ドゥテルテ フィリピン大統領
守護霊メッセージ

南シナ海問題を占う上で重要な証言！反米親中は本心か――隠された本音とは？ いま話題の暴言大統領、その意外な素顔が明らかに。

1,400円

中国と習近平に
未来はあるか
中国と習近平に未来はあるか

習近平・中国国家主席の本音に迫る守護霊インタビュー第２弾。2012年の反日デモの裏には、世界情勢を自国に有利に動かそうとする策謀があった？

1,400円